増補改訂版

ゆっくり育て 子どもたち

発達相談室で僕が考えてきたこと

鍋谷まこと
淀川キリスト教病院副院長・小児科部長

装画・挿絵　浜野史子

はじめに

本書は、二〇一二年に出版されたものに加筆・修正を施した増補改訂版です。私は発達障害や小児難病を専門とする小児科医として、多くの親子の「育つ」ことと「育てる」ことにまつわるさまざまな悩みに接してきました。その経験から、医療者として、援助者として、また息子をもつ一人の父親として、自らも悩み葛藤しながら学んできたことを書いたものです。今回、改訂新版のお話をもらったときにまず思ったのが、読者の方に「読んで良かった」と改めて思っていただける内容を新たに書けるのかということでした。

初版を出版したころは、息子はまだ高校生でしたが、この春、六年間の大学生活を経て、社会人になりました。当時、私はアジアで最初の「こどもホスピス」の開設に携わっており、このプロジェクトが社会に受け入れてもらえるのか、先の見えにくい状況を抱えながらの執筆でした。そのような中で、私の外来を受診されるお子さんたち、日々の子育てに悩みながら奮闘されている親御さんたちから、多くの学びがあり、励ましがありました。また家族の協力もありました。今振り返ると、そんな切羽詰まった状況だからこそ、書けたことも多かったように感じます。

現在は、淀川キリスト教病院の副院長という立場で、さまざまな職種のチームの潤滑油としての働きに関わるようになりました。プロ野球で言えば、現場のプレーヤーではあるけれども、コーチも兼ねて、監督にもチームの方針について色々な話をするといった立場です。診察室での時間よりも会議室で過ごす時間が増えており、そんな中から、果たしてこの本を読む読者に届けることができる新たなメッセージが書けるのかと悩みました。

自分自身を顧みるとき、これまで仕事や家庭生活、子育ての中で基本としてきたことは、自分は一人で生きているのではないという思いでした。多くのスタッフや友人、関係者、またときには見ず知らずの人も含めて数え切れない方々に支えてもらっていることを、より強く感じてきました。そんなつながりの中で人は生きているのだけれど、それを時々、いやしばしば忘れてしまうことがあるようです。そして自分で自分を追い込んでしまっていることがあります。沢山の情報が世の中にあふれかえっているのに、かえって身近な人とのつながりや支えに感謝を忘れてしまう、そんなリスクが増えてきているように感じています。そして私たちが神様から生来与えられている、人としてのさまざまな輝きに気づかずにいます。

この改訂版では、私がこの八年間に出会って支えてくださったさまざまな人々との関わりから学んだ、いくつかの視点を新たに書き加えることになりました。

具体的には、3章の「笑顔、ドヤ顔、なみだ顔」の中では、小児難病のお子さんとの関わりを通して最近学んだことを、4章には「発達障害に対するさまざまな取り組み」と題して最新の研究・治療の紹介を、5章には「時間・空間・感情を『トントン』整える」「ミュージック・シェアリングとマインドフルネス」という私が先輩や友人との関わりを通して学んだことを、そして新しく6章として「『こどもホスピス』と私と子育て」を書き下ろしました。

初版と同じ部分も残していますが、少しでも読者の皆様の子育ての参考になればこれにまさる幸せはありません。

二〇一九年九月

鍋谷まこと

目次
contents

第2部　すべての親に伝えたいこと

3章「できる子」より「その子らしく輝く子」に

第1部

発達相談室のカルテから

1章
育てにくさという悩みに

苦しむ親子と共に

私は小児科医として研修医時代を含め四年間の臨床、三年間の大学院での研究の後に、姫路にある総合福祉通園センターに小児科の常勤医として赴任しました。そこは、主に脳性麻痺やてんかん、知的障害など、何らかの病気によって「治癒が難しい身体的・認知的な能力」をもった方が通ってくる場所でした。

スタッフは理学療法士八人、作業療法士四人、言語療法士四人、心理士が四人、ケースワーカー三人、保育士二十〜二十五人、看護師三人、検査技師一人、事務員五人、給食担当者数人、小児科医が私を含めて三人、総勢六十人を超す大所帯でした。院内には定員四十名の肢体不自由児通園施設と、定員四十名の知的障害児通園施設と診療所機能を持ち、さらに外来で一日に百人ほどの訓練や保育・相談などのいわゆる「療育」を行っていました。

当時から関西圏では、通園での「療育」を目的とした施設としては最大級の規模で、外来を含めた取り組みも評価され、全国からの見学者の絶えない生き生きとした施設でした。

しかし私は、そこで大きな悩みに出会いました。それまで「患者を治すことが医者の仕事」と思っていた私にとって、「治らない病気」に出会い、それが分かっていながら医者として立ち向かうということが大変困難に思えたのです。特に、ご両親への障害告知の難しさに悩みました。「どのようにこの障害のことを両親に伝えるべきか」「もう一生治らないであろうことを知った両親は、望みをなくし大変なことになるのではないか」と。私は、「自分は病気を治さなくても医者と言えるのだろうか」と、医者としての無力感にさいなまれ、アイデンティティの危機を感じました。

しかし、この状態から救い出してくれたのは、他ならぬ障害のある子どもをもつご両親たちでした。

「生涯、能力的なハンディキャップを伴います」

「歩くことはこの先も難しいでしょう」

「将来も言葉を話すことは難しいと思います」

診断という名のもとに、このような残酷な宣告をしなければなりません。ご両親たちは、まさに想像を絶するようなショックを受けられます。ところが、そこから立ち上がり、覚悟を決めて前に進み出したご両親たち、特にお母さん方のひたむきな姿に私は心を打たれてきました。わが子の成長がゆっくりで、望みを失いかけそうな状態にあっても、指や手がわずかに握れるようになったことを喜び、子どもの言葉にならない声を喜び、子どもの一瞬の笑顔を喜ばれます。その笑顔と子どもへの眼差しの何と美しく、力強いことでしょう。

このようなご両親たちの姿が、小児科医として未熟であった私を、ゆっくりとではありますが育ててくれました。私は八年間、この総合福祉通園センターに勤めた後に、現在勤務する淀川キリスト教病院に移ったわけですが、そこで学んだことは、「苦しむ親子と共に歩む」「悩んでいる親子の傍らにいて支える」ということであったように思います。そしてそのことは現在も、急性期医療（病気のなり始めに施し、病気の進行を止め回復の目処をつけるための医療）が主体の今の病院で働いていても、小児科医としての私の中心にあります。

レッテルを貼らないで

私が発達に問題のある子どもを診るにあたって、忘れないようにしている信条が「苦しむ親子と共に歩む」ということだと書きましたが、これはあるご両親との出会いから学んだことです。

そのご両親とお会いしたのは、保健所の相談室です。幼稚園の園長先生と一緒に来られていたのですが、相談室の待合室から大きな怒鳴り声が響いてきました。お父さんが園長先生に対して、何か必死に訴えているのです。相談室でご両親の話をよく聞いてみると、「子どもが、発達が遅れているようだから診断を受けなさい」と連れて来られたことに激怒していたのです。ご両親はさらに、「私たちは診断やレッテルが欲しいわけじゃない。ただ共に歩んで欲しいだけなんです」と涙ながらに訴えられました。

この言葉は、専門家として子どもの病気や発達上の問題を診断することが最も大切だと考えていた自分の診療姿勢への大きな問いかけでもありました。この親子とのお付き合いは、私が姫路から大阪に移るまで続きましたが、この経験を通して、私は生きにくさを抱える親子と向き合おうとする「覚悟」が培われたと思います。

確かに診断名は、社会福祉的な援助や支援を受けるためには必要であり、診断や評価というのはとても大切なのですが、子どもが本来もつその子自身の「存在」を見落としてしまうという怖さをもっているのです。子どもを育て援助するにあたって、その子の能力や特性を正確に知っておくこと以上に、子ども自身の存在、すなわちその思いや興味などの豊かな内面世界に目を向けることが何よりも大切なのです。

怖い二次障害

二次障害とは、発達障害で言えば、例えば算数ができない子どもが教室や家庭で算数に取り組んでいるときに、「しっかりやりなさい」「まじめに取り組みなさい」などと周囲から叱責され続けたり、非難を受け続けたりした場合に生じる二次的な症状を指します。

ある場合には、お腹が痛くなる、熱を出すといった身体的な症状を示す心身症が生じます。ある子どもは、気分が落ち込んだり元気が出なかったりと、うつ的になる気分障害を生じます。またある子どもは、学校に行きたくない、親と離れたくないなどの症状を示します。またある子どもは、周囲に対して信頼感を失って反抗的になったり、反社会的行動をとったりする場合もあります。

このように元々の障害だけでなく、その対応のまずさによって二次的に生じてくる症状を二次障害と呼んでいるのです。発達障害を扱うにあたって本当に怖いのは、もともとの症状よりもむしろこの二次障害であり、この二次障害をいかに防ぐかが臨床に携わる者の責務とさえ言えます。

私が二十年前に姫路の施設に移ったときには、まだＬＤ（学習障害）や発達障害という言葉は一般にはほとんど聞かれない時代でした。そして「鍋谷君、ＬＤの担当をしてください」と上司から言われたときには、「えっ、ＬＤって何？」と思ったほどでした。そのときはちょうど大学院を出たてでした。大学の神経グループに所属して、三年間の研究も含めた経験をして少し自信過剰になっていた私は、大抵の小児の発達にかかわる病気のことは知っているという自負があっただけに、すいぶんうろたえたわけです。

私は猛勉強を始めました。一年くらいして何とかＬＤの診察のあり方が分かり始めたばかりというとき、参加者が千人を超す兵庫県の情緒障害研究大会という研究会で学校教諭向けにＬＤの講義をして欲しいとの依頼がまい込んできました。そしてその翌年には、今度は全国の情緒障害研究大会にも招かれました。当時いかにＬＤ（学習障害）を扱う医師が少なかったかを推測していただけるかと思います。

私は上司から声をかけてもらったことと、非常に新しい分野であるということに触発され、ＬＤを含む発達障害への取り組みに徐々にのめり込んでいきました。しかしそれ以外にも、この分野に真剣に取り組んだのは、この子たちを放っておくことはできないという強い信念があったからです。

その思いの背後には、ある確信がありました。その確信とは、私の親しい友人のＭさんとの会話から気付かされ生じたものでした。

ＬＤを典型とする発達障害の多くは、明らかな知的障害は伴わず、外見はまったく普通に見えます。しかし認知検査を行ってみると、読む、聞く、書く、計算する、推論するなどのある特定分野の認知能力に弱さを呈するわけです。それを思春期のカウンセリングを専門としているＭさんに説明したところ、学校や社会に適応できずに苦しんでいる思春期の子どもたちの中に、同様のパターンを示す子どもが存在するという指摘を受けたのです。

不登校や非行、心身症を示す子どもの多くが、発達障害をもつ場合があるという事実は現在では定説となっていますが、当時はほとんど誰も指摘していないことでした。それは、発達障害によって周囲から理解されずに放置されたり、逆に非難の対象になった場合に、先に書いたようなさまざまな二次障害を起こしてくるということを肌で感じ取った瞬間でした。無理解や誤解によって生じる二次障害を防ぐためには、できるだけ早期から子どもの特性を理解し、肯定的にかかわることが重要だということです。

ここでもう一つ注意しておくべきことは、生来的にもつ弱さを、本人の思いを無視して訓練により強制的に治そうとすることです。実はこの場合にも、後になって強い二次障害が引き起こされてくるのです。

私の敬愛する小児精神科医の佐々木正美先生が、自閉症のバイブルとも言える『自閉症療育ハンドブック』の中でも書いておられますが、自閉症の中で成人期にパニックや自傷、他傷などの強度行動障害を示す人たちを調べたとき、その多くが幼児期に厳しい訓練を受けていました。確かに、自閉症や発達障害の人は生来的に弱い部分をもっており、それを何とか取り除いてあげたいと心底思うのが親心なのですが、あまりに無理な強制はかえってマイナスになるのです。

このことは一般の子育てにも大いに通じることです。しばしば親が無理に勉強やスポーツや習い事を強要していないでしょうか。そのことがかえって子どもの人格を傷つけ、後になって取り返しのつかない二次障害を引き起こしてくる場合があるのです。親たるものが常に心に留めておくべき事柄であると思っています。

診断の落とし穴

最近は、「発達障害」という言葉がずいぶんポピュラーになってきました。発達障害とは、平成十七年の発達障害支援法第二条により、「自閉症、アスペルガー症候群、その他の広汎性発達障害、学習障害、注意欠陥多動性障害、その他これに類する脳機能障害であって、その症状が通常低年齢において発現するもの」と定義されます。以下に代表的な診断名について解説します。

●LD（学習障害）＊限局性学習症とも言う

知的発達に遅れはないが、聞く、話す、読む、書く、計算する、推論するなどの特定の能力の習得と使用に著しい困難を示すもの。

●ADHD（注意欠陥多動性障害）※注意欠如多動性障害とも言う。

不注意（忘れ物が多い・気が散りやすい・最後までやり遂げられない）、衝動性（順番を待てない・他の人のじゃまをする・せっかち・すぐに手が出る）、多動（授業中にすぐ席を立つ・手足をいつもそわそわ動かす・しゃべりすぎる）などを主症状とする行動の発達障害。

●ASD（自閉症スペクトラム障害）※アスペルガー症候群や高機能自閉症はこの中に含まれる。

社会性・興味・コミュニケーションに特異性が見られる発達障害。「知的障害のない自閉症」という見方もされるアスペルガー症候群の場合、言葉に関する障害は少ない。関心のあることには学者並みの知識をもつこともあり、関心分野への強いこだわりがある。

※大まかに言うと、LD（学習障害）は認知能力の障害、ADHD（注意欠陥多動性障害）は注意力、衝動コントロールの障害、ASD（自閉症スペクトラム障害）は社会的コミュニケーションの障害と言えます。

平成二十四年の文部科学省の調査によると、従来の知的障害を含めずに、小学生全体の六％の人が何らかの発達障害に当てはまるという報告がなされ、この数字は社会を非常に驚かせました。現在では、一〇％近くは存在するというのが通説になってきています。

このような調査によって、今までは毎日の生活の中で、ただ「変わった子」「扱いにくい子」と誤解されていた子どもたちが、診断を通して通常学級での特別支援教育が受けられるようになり、これが教育の大きな転換点となったわけです。しかし発達障害と診断される人が多くなる中で、診断を受けたことに悩み、自信を失い、かえって診断前より状況が悪くなる場合があります。

例えば、中学生になってから友達とのトラブルが絶えず教育センターなどに相談すると、発達障害が原因と言われる場合がよくあります。こんなときは、本人にも「あなたが友達とうまくいかないのは発達障害のせい」と説明される場合が多いのです。しかしこのような説明だけでは、本人は「発達障害＝悪いこと」と考えざるを得なくなり、さらに自分は「悪いもの」「価値の低い者」だと考えてしまいます。極端なケースでは、小学校高学年の子どもがＡＤＨＤ（注意欠陥多動性障害）と診断され、ショックのため窓から飛び降りてしまった例があります。

またある人は、大学までは問題なく過ごしていたのに、就職後にお客さんへの対応が適切にできず仕事を何度か替えましたれでもうまくいかず、悩んだ末に病院を受診しました。そのときいきなり「アスペルガー症候群」と診断を受けたのです。その人は、診断をうまく受け入れることができずに、いまだに居場所を見つけられずに悩んでいます。このような伝え方では、本人は自分の特徴を受け入れることが難しく、自分に価値を見い出せず、前に進んでいくことが難しくなります。

学童期後半以降の本人への診断告知のときに重要になるのが、発達障害の良い側面に注目することです。例えばＡＳＤ（自閉症スペクトラム障害）のために「何かにこだわって切り替えの難しい」人の場合には、逆に「周囲を気にせず集中力を高めることが得意」という観点から、目標や課題の選択を考えていくようにします。車やキャラクターが好きであれば、その世界をあえて否定せず拡げていくようにします。

また、ＡＤＨＤ（注意欠陥多動性障害）のため多動で落ち着きがない場合にも、「じっとできない」「静かにできない」というマイナス面だけでなく、「新しいことにどんどん取り組める」「失敗をおそれずにチャレンジできる」といった観点でとらえ直し、実際の生活を組み立てていくよう本人にも説明します。

また、アスペルガー症候群のため対人関係に困難さをもっている場合、「人づきあいが悪い」「空気が読めず、集団の和を乱す」「会話が一方的で、予想外のことが起こるとパニック状態になる」といった弱点はあるのですが、「裏表がない」「真面目である」「ルールをしっかり守れる」などの良い面も強調しながら、日常のコミュニケーション場面にも臨むように説明します。この場合には、言葉によるコミュニケーションだけでなく、絵画や音楽やゲームなど、何でも得意なもの、好きなものを通したコミュニケーションにも注目させていきます。

また仕事の選択でも、対人面が苦手なアスペルガー症候群などのASD（自閉症スペクトラム障害）では、接客やサービスが主体の仕事よりは、整備や事務のような正確さを要求される繰り返し作業や、コンピューター入力や工芸品制作など特殊技能の繰り返しなど、向いていることを生かすのです。ADHD（注意欠陥多動性障害）の場合には、新しい分野の開発や調査の仕事、交通整理や警備など、アイデアやその場での活動性が重要視される仕事を選択するほうが良いでしょう。

このように悪い点よりは良い点もあることを強調し、それに基づいた将来像を呈示することにより、親も本人も希望を失うことなく前へ進むことが可能になります。大切なことは診断をつけるよりも、今何をすべきかを伝えることなのです。

そして、私が診断するときにもう一つ心がけていることがあります。それは、発達障害は「正常」な状態と区別できるわけではなく連続性があるということです。その境界線は、例えて言えば、富士山の五合目のようなものだと思います。診察室でも富士山の絵を書いて説明することがよくありますが、富士山の五合目から下の裾野の部分が正常と呼ばれるとしたならば、発達障害と呼ばれる人は五合目から上の部分であり、その境界ははっきりしていません。正常と呼ばれる人も多かれ少なかれ苦手な部分や偏りをもっており、発達障害の人と共通する側面をたくさんもち合わせているのです。

2章　個性豊かな子への七カ条

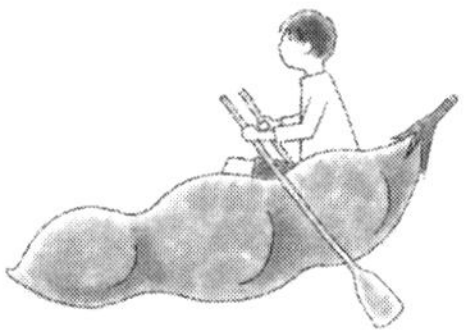

この七カ条は私が今までお会いしてきた、ＬＤ（学習障害）、ＡＤＨＤ（注意欠陥多動性障害）、ＡＳＤ（自閉症スペクトラム障害）など、さまざまな発達の問題に悩む親子と共に考えながら得てきたものです。また明らかな発達障害は認められなくても、子どもが「落ち着きがない」「怒りっぽく感情コントロールが苦手」などの悩みにも参考になるはずです。

もちろん、子ども一人ひとり豊かな個性をもっていて、それぞれ皆違います。あてはまらないところや納得いかない部分も多々あるかと思います。七つの項目をあげていますが、何か一つでも子育ての悩みの解決のヒントになれば幸いです。決して、「○○しなければならない」といった目的で書いたものではないことをご理解ください。

1　子どもの世界を大切にする

よく診察室で聞かれる質問の一つに、「同じ遊びをずっと続けていますが大丈夫でしょうか?」というものがあります。

例えば、A君は今はやりのテレビゲームばかりしています。また、B君はポケモンのことを話し出したらしばらく止まりません。C君はしょっちゅうぼんやりと考え事にふけり、他のことに目がいきません。D君は好きな工作をやり出すと一時間でも二時間でも続けています。

こういった場合には、親は子どもが自分の世界に閉じこもっているように感じ、つい頭ごなしにしかってしまったり、イライラしたり、無視をしたりということになりがちです。そんなふうになるのも、親が子を思うあまりなのですが、私はこういった問いには、「子どもの世界を大切にしてください」と答えるようにしています。

かつて、日本のかかえる不良債権の清算・回収そして日本経済の建て直しのために大なたをふるい「平成の鬼平」と呼ばれた、故・中坊《なかぼう》公平氏の自叙伝に印象深い話があります。その中で氏は、中学受験に失敗した自身の少年時代を振り返り、こんなことを書いておられます。

知人に会わないようにと選んだ人通りの少ない通学路を歩きながら、「そこを歩く三十分ほどの間、人目を気にせず空想の世界に浸る、という慰めを私は見出した。……空想癖が高じ、授業中につい楽しくなって口笛まで吹いてしまい、先生に『中坊はいつもボー』と駄ジャレまじりに叱られて、クラスの皆の失笑を買ったりした」(『金《きん》ではなく鉄として』岩波書店より)と。

子どものもっている世界というものは、ときに大人の想像以上に生き生きとしているのでしょう。短い時間でいいのです、親が子どもの好きな世界を理解するために、その世界を共有するようにしてみてください。そうすれば、その世界について親子のやりとりが成立します。その世界の中で、お父さんやお母さんが子どもに、「相手を剣でやっつけたら、死んでしまってかわいそうだね」とか、「ポケモンのサトシは、いつもピカチュウを命がけで守ってあげて本当の友達なんだね」といった具合に語りかけることができます。そうすることで、子どもが大事にする世界と現実とを結びつけ、子ども自身がこれからの人生を送る上で大切なことを学んでいくことも可能となります。

また、無理やり好きなことを止めさせるという方法は、その代わりになるものが見つかる場合はいいのですが、多くの場合には子どものやる気を失わせ、子どもとのやりとりがより一層困難になることが多いので注意が必要です。

2 信頼関係を築く

私は阪神・淡路大震災を神戸の元町にある病院の当直室で経験しました。

いきなりゴーッ、グラグラ、ドーンと激しく大地が揺れ、まるで天地がひっくり返るようでした。そして余震はその後も私を悩ませました。数年にわたって、少し地面が揺れるだけで地震ではないかと身体が硬直し、不安におそわれるという感覚が続きました。「大地は揺るがないものである」という確信を失ってしまっていたのだと思います。

親子間の信頼関係もこれと似ているのではないでしょうか。つまり、揺るがぬ大地のような信頼関係の中でないと、子どもは簡単に不安を感じることがあるのです。先に登場した中坊公平氏も、いざというときに親は自分を絶対的に受容して（受け止めて）くれたと述べています。

信頼関係は、親子だからもともとあるに決まっていると思われている方も多いかと思います。しかし、ＬＤ（学習障害）やＡＤＨＤ（注意欠陥多動性障害）、ＡＳＤ（自閉症スペクトラム障害）や心身症の子どもをもつ親が子どもの思いを根っこの部分まで信頼していくというのはそう簡単ではないと思うのです。というのは、彼（彼女）らは一日のうちに大抵一つや二つは、親が気に入らない行動をしてしまいますし、しょっちゅう物を壊したりなくしたりしてしまうからです。こんなときには、親は子を思うあまり感情的になったり、落胆してしまうものです。さらに気になる点があれもこれもと積み重なると、子どもを全面的に信頼していくことは難しくなるでしょう。

ただ、苦手な部分や弱い面があっても、その根っこにある「良くありたい」という思いを理解し、信頼していくことができれば素晴らしいと考えてください。具体的には、子どものいいところを言葉にして伝えていくこと、怒った後や注意した後には、非難したり責めたりするのではなく、励ましていくことも一つの方法です。

また、学童期を越えるまでは、子どもが好む形でのスキンシップ（頬ずり、手を握る、頭をなでる、抱き上げる……）を大切にし、しっかり笑顔で応えていくことが、子どもにとってはこの上ない喜びになります。また、親の「もうイヤ」「バカじゃないの」「もう知らない」といったような、否定したり拒絶するような言葉や態度に子どもはとても敏感なので、気をつけましょう。

3 理屈よりも体験が必要

兵庫県のＬＤ（学習障害）の親の会「たつの子」のホームページに、「やわらかな心」がＬＤの子どもには大切であるという文章を寄稿したことがあります。やわらかな心とは、学校や社会で壁にぶつかっても、うまく切り抜ける力のようなものです。

例えば、他の子どもにいじめられたときに、あるときにはしっかり言い返し、またあるときは相手にせず避けたほうが賢明なこともあるでしょう。またあるときは、先生に知らせたほうがいいこともあるでしょうし、ときには黙ってやり過ごさなければならないこともあるでしょう。すなわち、非常に柔軟な対応が要求されます。勉強がうまくできないときにも、「この問題は絶対に解かなければいけない」とこだわる固い考え方では必ず行き詰まります。「算数ができなくたって理科があるからいいや！」とか「テストでいい点が取れなくたって、僕のいいところはお母さんやみんなが知ってくれているからいいんだ！」といった柔軟な考え方が大切でしょう。

このような、学力とはまた違った柔軟でやわらかな心というものは、理屈だけでは身につきません。また、テレビゲームでもアニメでもインターネットでももちろん身につかないでしょう。これは現実に人とかかわるさまざまな場面での具体的な体験を通して身につけていくものだと思います。１で述べた「子どもの世界を大切にする」ことが、子どもにとって万能感や有能感をのびやかに育てる時間とするならば、現実の世界での「具体的な体験」とは、自分のできない部分や限界を知っていく時間であると思うのです。

実際には、本人の力が出しやすい好きな（得意な）遊びやスポーツで、集中力を維持しやすい小集団（三～四人までが適当）での体験が、他人とのやりとりの力を育てるのに向いているようです。もちろん、一番身近な社会の基本となる小集団は両親や兄弟を含む家族なので、その中での日々のやりとりも重要です。親のほうも「○○しなければならない」とあまり肩に力を入れすぎずに、やわらかな心で子どもとの時間を豊かな体験とすることができればいいですね。

4　しかる回数よりもほめる回数を増やす

アメリカにラッセル・バークレー博士という、ＡＤＨＤ（注意欠陥多動性障害）の子どもや大人たちを何万人と診てきた心理学者がいます。彼はＡＤＨＤの人のための著書の中で、「ほめること」がいかに大切かを繰り返し述べています。

私も診察室で、ＬＤ（学習障害）やＡＤＨＤ、ＡＳＤ（自閉症スペクトラム障害）をもつ子どもの両親に、「ほめていきましょう」とアドバイスをします。すると、「ほめるところが、ほとんどないんです」「ほめるところがあれば、最初からそうしています」という言葉がしばしば返ってきます。確かに大人からみると、問題行動ばかりが目につきますし、一般にほめる対象になるような「手伝い」や「勉強」はしないことがほとんどなのです。

しかし、本当にほめるところがないのでしょうか。よく考えてみましょう。

子どもたちは、生まれつきの脳機能の偏りにより自らの行動をコントロールするということに大きな困難をもっているわけです。ならば、静かに一人で本を見ていたり、何かのおもちゃで集中して遊んでいたりということが、すなわち非常にほめられることになると思うのです。あまりに大げさにわざとらしくほめる必要はありませんが、そういった日常の何気ない一つひとつの行動に注目して、「えらいね」とか「いいね」などの声かけをしたり、身体を少しさすってあげたり、笑いかけたり、目で合図をしたりということをすれば、ほめられることの少ない子どもたちにとっては大きな励みになりますし、もっとやってみようという気持ちが強まってくるはずです。

とりあえずは、しかる回数とほめる回数を同程度にすることを目標にしてみてはいかがでしょうか。そうして、ほめる回数がしかる回数を上回ってきたらしめたものです。バークレー博士は、ほめる回数がしかる回数の二〜三倍になれば最も効果的であると述べています。どうぞ大いに子どもの良い点を見つけ出し、肯定的に注目し、さりげなくほめてあげてください。

5 その場ですぐ子どもにフィードバックする
（ただしパニック状態のときには、まず頭を冷やす時間をもつ）

ＬＤ（学習障害）について詳しい大阪教育大学名誉教授の竹田契一氏は、ＬＤの子どもは「メタ認知」の力が弱いと述べています。このメタ認知とは、人が何かをやっている最中に自分の行動を振り返ることのできる能力のことです。一般に新しい局面（例えば初対面の人に会う、新しい環境に移る、予想外の事態に遭遇するなど）でも自分の力を発揮できる人は、この能力が強いと言えるでしょう。

また先に出たバークレー博士によると、ＡＤＨＤ（注意欠陥多動性障害）の子どもは、自分の行動をフィードバックすることに非常な困難をもつと言われています。このフィードバックする力とメタ認知の能力というものは、実はほぼ同じような意味なので、ＬＤ（学習障害）やＡＤＨＤ（注意欠陥多動性障害）、ＡＳＤ（自閉症スペクトラム障害）の子どもがなぜいつもあんなに同じ過ちを繰り返すのか、どうしてしかられると分かっていることをしてしまうのか、少し理解できるでしょう。

子どもによっては、その瞬間を過ぎると自分が何をしていたのかをすっかり忘れてしまっていて、自分がなぜしかられているのか理解できないことがよくあるのです。そのため、可能な限りすぐにその行動の良し悪しや意味を伝える（フィードバックする）のは、効果的な方法だと思います。

ただ、このとき忘れてはならないのが本人の興奮の度合いです。あまりに興奮が激しくパニック状態に陥っているときには、少し静かなところで頭を冷やす時間が必要です。興奮の度合いがそれほどでもないときにも、できるだけ子どもの感情を鎮め、子どもの様子を目を合わせるようにして確認しながら、ゆっくりとなぜいけないのかを伝えることができればいいですね。

頭ごなしに大声で怒鳴ったり、一方的に理屈でやりこめようとしても、そのときの子どもの感情や、注意力、理解力をよく把握しておかなければ、なかなかうまくいかないことは皆さんがご存知の通りです。フィードバックできるようになるということは、落語や歌舞伎などでもよく使われる日本的な表現を使うなら、子どもが行動する際にどのようにして「間」をとるか、つまり「ちょっと待って、一呼吸置く」方法を学ばせていくということです。

6 子どもと同じ次元で勝負にこだわらない

子どもとの毎日の口論や摩擦に同じ次元で対等に勝負し、その勝負に勝つために必死になってしまう親御さんによく出会います。ＡＤＨＤ（注意欠陥多動性障害）やＬＤ（学習障害）、ＡＳＤ（自閉症スペクトラム障害）の子どもは勝敗に強くこだわるため、親のほうまでこだわってしまうとなかなか勝負がつかずに、くたくたになってしまいます。

私も息子が幼児期から小学校低学年までは、彼との日常の争い事に疲れきってしまうことがよくありました。息子は、自分の思い通りにならなかったりゲームで負けたりしたときに、「イライラしてきた」「アー、頭がぐちゃぐちゃになるー」などと叫びながら頭をかきむしったりします。もっと小さいころには、どうしても負けるのが嫌で、負けるたびに大泣きしてパニック状態でした。

どうしたらこのような事態を避けられるのでしょうか。

まず、さして重要でないような争い事や遊びの勝敗ならば、勝ちをゆずってあげるくらいの余裕があるといいと思います。また、子どものしつけ上どうしてもゆずれないときには、議論の余地のない当然のこととして淡々と伝えることがポイントです。肝心なことは、親自身が今まで培ってきた価値観に自信をもつことでしょう。親は子よりも何十年も長く生きている人生の先輩なのですから。そして子どものとんでもない行動にも、親自身がカッとなって感情的に高ぶらないことです。感情を極端に抑えてしまうことはよくありませんが、親が感情的になると、結果として子どもの行動や言葉に振り回されることになってしまいます。

そういう私も疲れているときには、たやすく子どもの挑発にのせられて感情的になりすっかり煮詰まってしまって、外出から帰ってきた妻に笑われていましたが。

親としての自分に自信をもちましょう。そして子どもの言動に対し、こちらのペースで、人生の先輩としてときには力強く、ときには柔らかく、ときには軽やかに向かっていきましょう。

7 家庭はまず安らぎの場所であること

私が大学での研修を終えて初めて小児科医として働いたときに、身体のあちこちがかゆくなるストレス性のアトピー性皮膚炎で苦しみました。患者さんへの点滴や診察の最中にかゆくなることもあり、そんなときにはどうしようもなくつらかったものです。ストレスの原因は、過度な忙しさに加え、てんかんや白血病の子ども、超未熟児の新生児、呼吸が止まりかけた子どもなど、さまざまな重症の子どもの主治医としての重責だったと思います。

ＬＤ（学習障害）やＡＤＨＤ（注意欠陥多動性障害）、ＡＳＤ（自閉症スペクトラム障害）の子どもをもつご両親、特にお母さんは同じようなつらさを味わっているのではないでしょうか。いつもトラブルを起こしてしまう子どもの保護者としての重い責任を担い、将来の見通しも立たず、そこから一時として逃げる術《すべ》はない忙しい毎日が続いている方も多いはずです。そのことは、おそらくは子ども自身にもあてはまるように思います。自分でどうすることもできずに繰り返し問題を起こしてしまい、周囲からの非難と叱責を受ける逃げ場のない毎日が続くのです。

そこで、私は家庭において、勉強と休息とどちらかを優先させなければならない場合には、休息のほうを優先することをご両親にはお勧めしています。学校で不適応を起こしかけていたり、学校での勉強が難しい場合にはなおさらです。学校でできない分、「何とか家でさせないといけない」と、どうしても厳しくしてしまう気持ちはよく分かります。しかし、共倒れになる前に、親も子どももまず家庭においてゆっくりと安らぐことが必要でしょう。

家庭で勉強を最優先にすれば、親も子どももゆっくりとした時間をもつ場所を失ってしまいます。家庭で最優先にされるべきことは、両親や兄弟たちとの深い信頼関係を築き、ともすれば子どもたちが失いがちな、生きていくために必要な自信や意欲というものを養うことだと思っています。また、そうしたものはゆっくりとした時間の中で培われていくように思います。

もちろん勉強を否定しているわけではありません。ただ、子どもが苦手なことを教えようと考えるならば、本人が面白いと思えるようなゲームの形にして、楽しんで取り組めるようにしてはどうでしょうか。また、子どもが多動が激しくじっとしていないときには、いっそサッカーをしたり、相撲をとったり、庭で走り回ったりして、十分に身体を使って運動するのも効果的なやり方です。身体を動かした後は、テンションが下がって静かに遊んだり宿題に取り組めたりします。

第2部

すべての親に伝えたいこと

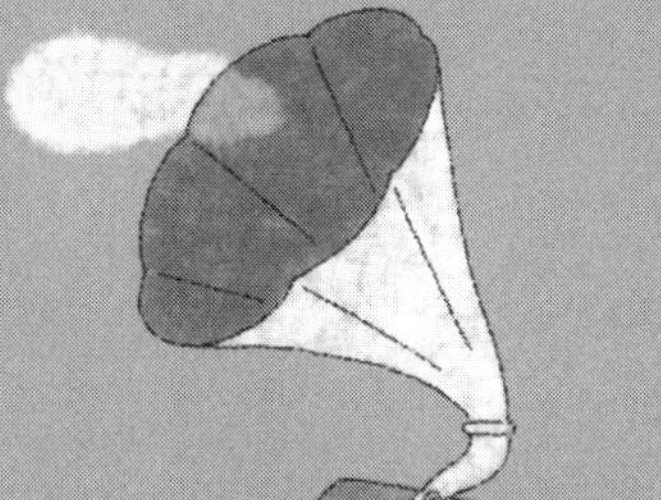

3章

「できる子」より「その子らしく輝く子」に

自分探しと居場所作り

子どもは十歳前後から自分探しをするようになります。他の子と自分を比較するようになり、優れているところや劣っているところを探すようになります。また、自分の所属する集団の仲間と同じようにしたいという思いも強くなります。さらに中学校に入るころには、自分自身は何だろう、自分自身が他の人と違っていてもっているものは何だろう、自分の存在意義は何だろうという、いわゆるアイデンティティの確立に悩むようになります。

これはどんな子どもでも通る過程ですが、特に発達面で弱さをもつ発達障害の子どもは、自分はこのままでいいのかと苦しみます。そんなときには、親は何度でも「あなたはそのままでいいんだよ」というメッセージを送り続ける必要があります。たとえ他の子どもたちと同じようでなくても、その子がもっている良いところ探し、自分探しを一緒にしてあげることが重要なのです。

「自分はいったい何だろう」「自分はこれでいいのだろうか」というすぐには答えの出ない疑問なのですが、少しでもその気持ちを共有しながら、具体的には良い体験ができるよう工夫する必要があります。実際には、言葉で励ますだけではうまくいかず、カラオケやボーリングや工作など少し勉強とは違った内容でもいいですから、自信をもてるものを探してあげ認めてあげることが、自分自身を発見していくきっかけになるようです。

私が以前担当した中学生の男の子は、医師である父親と、勉強の良くできる兄のいる家庭の中で自信を失いかけ、反抗的になり非行や問題行動を繰り返していました。しかし父親と一緒にスキューバダイビングを始め、父親よりも上手になるにつれ、自分に自信をもてるようになったのでしょう。笑顔も増え、不思議と行動も落ち着いていったのを覚えています。自分自身を発見するとは、弱いところも含めて自分のありのままの姿をOKと思えることなのです。

私は時々、教育関係者に向けて教育現場での発達の問題について講演しますが、そこで先生方が第一に尋ねるのは、どのように勉強を教えたらいいのかということです。この問いに対しては、私はこうお願いしています。「勉強を教えることはもちろん大事なのですが、子どもの居場所をどうか作ってあげてください」と。学校で不適応を起こしている子どもたちに共通することがあるとすれば、居場所がないということです。ある子どもは勉強についていけないという理由から、教室での居場所を失っていきます。ある子どもは友達がいないという理由から、孤独感をつのらせていきます。ある子どもは、歩き方やしゃべり方が変だという理由から、嘲笑やいじめの対象になり失望し、意欲を失っていきます。

このように、通常学級の集団生活において、自分の居場所を見失ってしまう子どもの何と多いことでしょう。こういった場合、大人であれば仕事場や配属を変えてもらったり、昔の友達に電話をしたり、趣味の仲間と過ごしたりして、自分自身で自分が受け入れられる居場所を作っていくことも可能です。ところが、子どもは自分で環境を変えていく術《すべ》を知りません。特に発達に弱さを抱えている子どもは、友達とうまくつきあうことが苦手なので、自分のことが受け入れられているという安心感がないと、なかなか自分一人で新たな仲間関係を築くことは困難なのです。

実際には、保健室や校長室や特別支援学級に、子どもが一時的にでもほっとできる避難場所を用意するなどの工夫をしている学校もあります。また学校外においても、多くの親御さんが積極的に居場所作りに頑張っておられます。ある子どもは、サッカーや剣道や野球などで大いに活躍しています。また、お絵かきや工作やピアノなどで、友達を見つけて楽しんでいる子どももいます。また、夏の短いキャンプなどにトライしてもいいかもしれません。

こういった居場所作りでは、周囲の人とはなかなか同じようにはいかないでしょうし、「失敗したらどうしよう」「後でうまくいかなくて責められたらどうしよう」などと不安になることもあるでしょう。でも、どうか勇気をもって前に踏み出してみてください。

人格を否定しないで

皆さんは、子どもの人格について考えたことはありますか。いや、それ以前に「人格」という言葉について考えたことはありますか。

人格とは、その人間を構成する精神的な部分の総体を指すものです。広辞苑では、「人柄、人品。道徳的行為の主体としての個人。自律的意志を有し、自己決定的であるところの個人」と定義されており、心理学辞典では、「人格はいろいろな個人的特徴の総称として用いられ、個人の心理的機能の総合的全体像であり、その個人独自の行動のしかたを意味することが多い」と説明されています。

人が人に対し優しくなれたり、誠実であったり、穏やかであったり、色々なものに興味を示したり、前向きで創造的な態度でいられたり、物事に感謝の気持ちを示したり、社会的な貢献に価値を見出したり、こういった人間が人として示す良き営みの多くは、その人のもっている人格に由来すると考えられます。

さて、子育てをする中で大人が子どもの誤った行動に出会ったときに、当然「しかる」ことをするわけですが、そのときに重要なのは、「悪い行動のみをしかって、人格を否定したり非難したりしてはいけない」という大原則です。改めて解説するまでもないと思いますが、人格の否定はその人そのものを否定することにつながり、その人は自信を失って自分自身の存在に価値を見出せなくなってしまうからです。

実は私自身も医者になって何年かたったころ、学会での発表に対して、上司から、「何をくだらない発表ばかりしているんだ。あなたのことが信頼できない。あなたの人格を疑うよ」といった内容の叱責を他のスタッフの前で受けた経験があります。このことはひどく嫌な経験として心に残っており、どうしてあのような叱責を受けたか今でも理解できずにいます。特に自分の人格まで否定されたこと、しかも直接関係のないスタッフの前で否定されたことに対しては、その理不尽さに怒りさえ感じたものです。

子どもの人格を育てていくことは、何年もかけた一歩一歩の歩みなのですが、その人格が傷つきゆがんでしまうのは、たった一度の叱責でもあり得ることを実感した体験でした。

一方で他の人の人格を尊重するということは、その人の権利を尊重することにつながります。他の人のもっている権利を侵害しながら、同時に人格を育てることはできないからです。

中学生のF君は、幼少期から親の言うことを聞き、しっかり勉強のできる良い子でしたが、進学校に合格した中学生になってから親の言うことを聞かないばかりか、家庭内で物を壊したり暴力を振るうようになってしまいました。

両親は良い成績を取ることをF君に要求し続け、F君は小学校時代はその期待に頑張って応えていたようです。しかし、中学生で進学校に入って、多くの優秀な子どもたちと一緒に勉強するようになり、成績も真ん中から下回っていました。しかし、そこでも両親は小学校時代と同じように、トップクラスの成績を取るよう期待し、それがかなわない状態に対し、大きな失望を感じF君を叱責したようです。これは、何年にもわたって両親の期待に応えようと全力を尽くしてきたF君にとっては、まさに全人格の否定だったのです。

私がこの両親にお会いし、「小学校時代にF君と勉強以外にどのような遊びをしていましたか」とお聞きしたときに、まったく思いつかず言葉につまってしまった様子が印象的で、今でも記憶に残っています。もともとあまりコミュニケーションが得意でなかった両親とF君にとって、ある意味良い成績を取るためだけに親子で頑張ることだけが、お互いに唯一のコミュニケーションだったのでしょう。

その親とのコミュニケーションと親からの承認を得るために、F君は懸命に頑張っていたのです。それが頭ごなしに否定されたときに、親子をつなぐものが何もなくなり深い絶望を感じたのでしょう。彼に残された道は親を拒否することと、エネルギーを暴発させることしかなかったのです。大人が子どもをしかる場合には、親である自分の言葉が子どもの心にどれほど影響を及ぼすかを自覚して、決して人格を否定しないように配慮することが必要になると思います。

F君親子の場合、F君には平日は別の場所で過ごしてもらうようにし、両親とは少し距離をおける環境を用意しました。そしてうれしいことに、お父さんはその後とても変わり、以前から野球に興味を示していたF君と週末は野球観戦に行ったり、キャッチボールをしたり、野球ゲームをしたりするようになったのです。そういった体験を通しながら、F君は自分の存在意義や自分の価値に気づき、健全な人格を育てていくようになりました。

何かができたときだけ承認したりほめたりすることを、心理学では「条件つきの愛」と呼びます。人間が自分の存在意義や自分の存在価値を見出し、自己肯定感をもつことが健やかな人格形成の土台となりますが、そのためには「無条件の愛」が必要になります。すなわちそれは、「あなたはあなたのままでいいよ」「あなたはそのままで尊い存在だよ」「あなたがいてくれることが大切なんだよ」というメッセージを送ることです。そういった心からの安心感があって初めて、子どもの人格は育まれ、成長していくのです。

心の世界

私は子どもを育てることは、いかに心の世界を豊かに育てるかが大切だと思っています。子どもは皆、それぞれ自分だけの心の世界をもっています。このことを、しばしば大人は忘れてしまっているのかもしれません。

私は、コミュニケーションが苦手と言われて病院を訪れる子どもと、絵の交換日記をすることがあります。コミュニケーションに困難さをもつ子どもの多くが、絵を描くことが好きだからです。中には学校から家に帰ってから、一時間でも二時間でもお絵描きに熱中する子もいます。そういった子どもたちにスケッチブックのようなノートを渡して、診察のときに持って来てもらうのです。そうするとその子の心の状態が絵を通して伝わってきます。

クラスの中で孤立していたり、周囲とのトラブルが続いているときなどは、絵の中に登場するキャラクターの髪の毛が逆立っていたり、目が吊り上がったりしています。また中には剣を持っていたり、火を吐いたり、血を出したりするキャラクターが登場することもあります。そんなときには私もどんなふうに返事を書いていいのか悩みますが、何かその絵の中にある良い部分、前向きな部分に注目してほめていくようにします。また、あまりに子どもの心の痛みなどが伝わってくるときには、「しんどいね、ゆっくりしようね」などと励ますこともあります。

コミュニケーションに困難さをもっている子どもは、「人の気持ちの分からない子」「優しくない子」「心の乏しい子」などと思われている場合があります。しかし皆、心の中には豊かな世界をもっているのです。コミュニケーションが苦手というのは、人の気持ちや思いが分からないのではなく、気づくのが苦手なだけ、表現が苦手なだけなのです。

何年にもわたって子どもたちの絵を見続けていくと、驚くほどの成長がその中に見て取れてうれしく感じることがあります。心の中にある風景ができあがってくるというか、色々な物が有機的につながりだし、そしてストーリーが感じられるようになります。登場人物の顔が笑顔になり、皆でお祭りに出かけたり、電車やバスに乗ったり、スーパーや市場の風景がしばしば出てきます。人付き合いが苦手な子どもはいるのですが、初めから人のことが嫌いな子どもはいないのです。

もし思春期の子どもが、他の人や社会を憎んだりしてしまっているとしたなら、それは初めからそうなのではなく、それまでの人生の中で孤独を味わったり、責められたり傷つけられたりといった体験が影響しているように感じています。大人は子どもが何ができるのか、どうしてできないか、といった能力的な部分に注目するのではなく、子どもの心の中にある豊かな世界の芽生えに気づき、注目し、一緒に育てていくことが必要なのです。そしてそのように努めるときに、実は大人自身がもっている心の世界もより豊かなものへと変わっていくことに気づくことでしょう。

チューリップとユリ

「みにくいあひるの子」というアンデルセンの童話があります。「みにくい、みにくい。あっちいけ」と仲間たちから疎まれていたあひるの子が、一人ぼっちの寂しい毎日を過ごしているのですが、ある日突然自分が美しい白鳥に成長していることに気づくという話です。

仮に親の期待するような発達の子どもをユリに、発達の偏りや遅れなどの問題に悩む子どもをチューリップやバラに例えるとします。現実に多くの場合、子どもは思春期以降になると親の予想とは違う花を咲かせるのです。ですから、親のほうが自分たちの子どもはユリだと思い込んで、無理やりそれに合わせようと育てると大変なことになります。ユリのように色が真っ白でないからと言っていつもしかっていると、せっかくきれいな赤や黄色の花を咲かせるはずが枯れてしまったり、灰色の花を咲かせたりする場合があります。

また植物の成長には太陽の光と水と土が最も大切ですが、ユリのように背が高くないからと、むりやり引っ張ると大切な茎が折れてしまうでしょう。子どもにとって温かい家庭が栄養のある土とするなら、ほめ言葉と笑顔が太陽の光、そして日々の良い体験の積み重ねが水の働きにあたると思うのです。皆さんも、わが子がどんな花を咲かせるのか楽しみにしながら、毎日の子育てを楽しむよう工夫していけるようにと願います。

ただし、発達相談に訪れる子どもの場合、能力的に弱いところをもっており毎日のように失敗を繰り返すこともあります。しかし、親はその失敗を許し、受けとめることが重要なポイントになります。できないからといって、無理やりさせないことが大切なのです。

小学生のころ、私はとてもやせており、よく友達から「えんぴつ」と言われたり、ときには心ない大人から「がいこつのようにやせているが大丈夫か」といらぬ心配をされました。双子の弟で未熟児で出生した私は、傍目にも頼りなく見えたのでしょうが、そういう周囲の言葉にひどく傷ついたものです。そんな私はSF小説のヒーローものを読みふけったり、実際に強くなるために空手やラグビーを習いたいと思ったりしたものです（この希望は強度の近眼で小学校三年生から眼鏡が離せない私にはかなわぬ夢でしたが）。

しかし当時、家族の誰からも体格について指摘されたことはありませんでした。今から思えば、ずいぶんとそのことがありがたく思われます。

こういった外見上の特徴についてとやかく指摘することが、言われた側にとってときに耐えがたい心の傷になるということはよく知られています。これは、子どもが知的な能力に弱い部分をもっている場合にも、当然当てはまってくるのです。ただ、知的な能力特性というものは外からは見えにくいために、理解されにくいという大きな違いがあります。

特に近年注目されてきた、発達障害と呼ばれるＬＤ（学習障害）やＡＤＨＤ（注意欠陥多動性障害）やＡＳＤ（自閉症スペクトラム障害）の子どもの場合、外見上はまったく普通のことが多く、かえって知的な能力特性上の弱点は見逃されがちなのです。そのため、周囲の大人たちは子どもができないことを、ともすればさぼっていると勘違いして過剰な叱責や期待をしたり、子育ての失敗と考え母親を非難したりすることがよくあります。こんなときに親は、何とか早く追いつかせようと焦り、弱点を直すことに一生懸命になるあまり、一緒に遊んだり楽しんだりという余裕がなくなってしまいます。

そうすると、子どもはさらに苦手意識をもったり、自分に対して自信を失ってしまいます。

誰しも、自分の子どもに能力上の弱点やハンディがあることを考えたくはないでしょうし、そう思う自分に罪悪感すらもつこともあります。しかし、できないことで一番苦しみ悲しんでいるのは、実は子ども自身なのです。彼（彼女）らは失敗したときに一見気にしていないように見えても、心の底では痛切に悩んだり苦しんだりしているのです。誰しも、できないよりできたほうが良いに決まっているのですから。

子どもに何かできないところがあったとしても、なぜそれができないかをよく見極めてあげることが親の大切な役目なのでしょう。子どもの弱点もみな分かった上で、まるごと子どもの存在を受け入れていけば、それが何にもまして子どもの自信と成長につながっていくのです。

「うん、どん、こん」

私が発達相談で専門に診療するようになってしばらくして、学習障害の親の会に呼ばれて講演をしたことがありました。そのとき、当時亡くなったばかりの私の母の言葉を中心に話をしたことがあります。それが「うん、どん、こん」という言葉です。

私が中学生になったころでしょうか、友達関係がうまくいかず悩んでいたときに母が教えてくれたのです。今となってはそれがどこに由来する言葉かは分からないのですが、人が大成するには「うん、どん、こん」の三つが大切だという教訓のようなものです。

一つ目の「うん」は、「運命」の「うん」のことでしょうか。クリスチャンの私にとっては、「神の計画」というべきものです。人にはそれぞれ自分の手の及ばない「範疇《はんちゅう》」や「摂理」があり、生まれる時代や生まれる場所も含め、自分自身で決められない多くのことがあるのです。

二つ目の「どん」は、鈍感の「どん」であり、小さなことに惑わされず鈍感なくらいのほうが物事に集中できて良いという意味です。例えば、少しくらい周囲の人間が「変わり者」「付き合いが悪い」などの陰口をたたいていても、気にすることなく集中するくらいが良い、というようなことです。

そして最後の「こん」は、根気の「こん」であり、大きなことを成し遂げるのは根気が重要だという意味です。

当時中学生になったばかりの私は、自分が何かに夢中になると周囲が見えなくなって、皆から「暗い」「まじめすぎ」などと思われていると感じ悩んでいたのです。しかしこの言葉を母に教えてもらい、「マイペースな自分の性格はそのままでいいんだ」とずいぶん楽になったのを覚えています。

この言葉自体は、実は高校生以降長い間忘れていました。しかし、医者になり数多くの発達相談で子どもの示す発達の偏りへの対応法を一緒に考えているうちに、この「うん、どん、こん」という言葉の良さを再認識したわけです。

「うん」とは発達障害をもつ子どもの場合でも、その能力特性を与えられた「個性」に置き替えて考えます。ときには弱い部分も含んだ能力特性ですが、自分本来の「個性」として前向きにとらえることがポイントです。

二番目の「どん」の鈍感については、発達相談に訪れる多くの人が、「周りを見ておらずどんくさい」「状況が読めずに鈍感」などと言われ悩んでいますが、それは必ずしもマイナス面だけでなくプラス面もあることをこの言葉は教えてくれます。

現代は効率ばかりを重視する傾向がありますが、それに適応できずうつや不安神経症に悩む方が増えていることが指摘されています。この言葉はそういった現代社会への警鐘のようにも思えます。親はついつい器用さ、要領の良さを子どもに求めがちですが、「器用貧乏」になってしまう可能性もあります。周囲への配慮は確かに大切なのですが、周囲からどのように評価されているかに振り回されないような子育てを心がけてください。

そして、三番目の根気の「こん」です。発達に偏りのある子どもの多くが、プラモデルやブロック、工作などに驚くほどの根気を示してくれます。親から見れば遊んでいるだけの意味のないことに見えても、興味のあることに熱中することは決してマイナスにはなりません。むしろ、それを広げることにより、思わぬ新たな可能性が見えてきたりします。例えば、ある自閉症の男の子は何でも拭いてきれいにすることに熱中していましたが、家の風呂やトイレなどの掃除を小さいころから根気良くしてくれていたそうです。そしてそのことが支援学校卒業後に、地域の役所に掃除のエキスパートの公務員として採用につながったという有名な話があります。

このように、発達に偏りがあったとしても「うん、どん、こん」を大切にしていけば、きっと将来の道は開けてくると思っています。また私自身もそうでしたが、弱点や欠点を少々もち合わせていたとしても、周囲を気にせず自分のやり方や興味やペースを大切にしていくことが、結局は自分の可能性を広げることになるのです。

子どもの航海を支える

私の恩師に三宅廉先生という小児科医がおられました。戦後、京都府立医大の教授の職を捨て、産科と小児科が一体の周産期医療を日本で初めて始めたことで有名な医師です。その働きはＮＨＫのドキュメンタリー番組「プロジェクトＸ」でも紹介されたので、読者の中でもご存知の方がいるかも知れません。

その三宅先生に結婚式の仲人をしていただくことになり、結婚前に妻とあいさつに行ったときに、家族の関係を野球のチームに例えてアドバイスをいただきました。父親がピッチャーで母親がキャッチャー、そして子どもたちや祖父母が野手という設定なのです。しかし、大家族の時代にあてはまるこの例えは、今の核家族化と情報化が進んだ時代には今一つしっくりきません。

実際の臨床場面で、家族機能の危機に直面している方のさまざまな悩みに付き合っていく中で、家族の人間関係というものについて自分なりのイメージをもつようになりました。それは子どもの人生を、航海に例える方法です。情報が氾濫し、すべてがデータや数字で置き換えられ、「効率」というキーワードがまるで最も素晴らしいことであると価値づけられる社会、そういった無駄を嫌い余裕がなくなってきている現代社会は、先の見えにくい波の荒い海のようです。そしてその航海の中で、父親はどちらに船が進むべきかを指し示す羅針盤であり、母親は船が壊れたり燃料切れになったときに、修理や燃料補給に立ち寄る港の役割をもつのではないかと感じてきたのです。

子どもは自分なりに必死で帆をはり、エンジンをかけ、舵を握って船を操りますが、いかんせんまだまだ経験不足です。いったい自分がどの方向に向かっているのか分かっていません。

例えば体力的にも体格的にも中位の能力の子どもが、プロのスポーツ選手を目指して勉強や遊びを犠牲にして、ひたすらトレーニングに励むことはどうでしょうか。私自身は中学、高校、大学を通じてスポーツを続け、高校では練習が厳しいことで有名な部活に、大学でも体育会の部活に所属していたので、スポーツを通じて規律や友人関係など、いかに多くのことを学ぶかは理解しているつもりです。しかし、まだ先の見えない小学校時代から、プロ選手の育成さながらに親が過熱することには賛成しかねます。

子どものもっているあらゆる可能性に目を配りながら、その潜在能力を見抜き、その子が大人になったときに最も力を発揮できそうな道に導くようにするべきでしょう。狭き門であるプロを目指す場合には、それがかなわないことがはるかに多いのですから、うまくいかない場合にも気を配る必要があるのです。マスコミの送り出すスター選手の極めて例外的な成功物語に惑わされることなく、目の前にいるわが子のもつあらゆる可能性を探りながら、毎日の船旅で進むべき方向を指し示して、疲れたときには港に立ち寄ってしっかりと休ませてあげるのが家族の役割なのです。

その一方で、親は現実的な社会情勢にも目を配り、どのような資格や技能が子どもの自立のために将来重要であるのかを知っておく必要があるでしょう し、自分の人生体験も大いに参考にすべきです。羅針盤であるべき親があまり迷っていては、船を操縦し動かしている子ども自身も不安になりますから、ある程度は自信をもって進行方向を指し示すようにすべきでしょう。

安全ないくつかの道があるならば、その選択肢を子どもに示しながら、本人の意思を尊重することも必要です。何もかも親が決めてしまっては、子どもが自分で考え決断する力が育ちませんし、自分が納得して選んだ道は少しくらい厳しくても、親のせいにすることなく意外に頑張れるものです。

また、親の目から見て別の道のほうが良いと分かっていても、子ども自身が納得しないこともあります。特に思春期にさしかかる小学校の高学年のころから、親への反発も強くなってきます。このときに親は焦ることなく、忍耐強く本人が納得できるまで待つことが、将来の子どもの自立にとっては大変重要になります。

最近私は、子どもや若者と接するとき、新たな時代の継承者として強く意識するようになってきました。我々大人は今の時代を創造し航海をしている主役なわけですが、子どもは次の時代を担うべき主役なのです。自分がもっている知恵や経験を次世代にも伝えながら、徐々に羅針盤の役目を子どもに引き渡していかねばなりません。家族は人間社会の最も小さな単位なのですが、現代の情報社会という先の見えない荒波の中を航海していくにあたり、それぞれが大きなドラマを紡ぎ出しているのです。

伝えたい三つの言葉と一つの体験

1「新しい物語を創りましょう」

私はよく色々なところで、発達の問題についての講演を頼まれますが、そのときにいつもしめくくりで述べるのがこの言葉です。講演の対象は学校の先生の場合もありますし、保育士や児童相談所のスタッフや心理士の場合もあります。これらの方々は、プロとして子どもの成長を支える、あるいは困っている子どもとその親の相談にのる立場の人です。しかし、彼らが支援者として相談者の親子と出会う時間というものは、実はその親子の人生の一部分に過ぎず、実際にできることも限られています。

私自身も、発達の相談にのっているときは同じことが言えます。だからこそ私は、たとえ三歳の子どもと若いお母さんが相談に来られたような場合でも、それまでの親子のたどってきた「歴史」というものを強く意識するようにしているのです。たった三年ですが、母親というものは子どもがお腹の中に宿ったときからさまざまな夢を思い描きます。生まれてくるときのために、名前を考えたり、服やおもちゃや部屋など、さまざまなものをご主人と一緒にわくわくしながら準備するのです。

赤ちゃんを、お産という大仕事を経て生み出したとき、その喜びはいかばかりか計り知れません。ですから、生まれたばかりのわが子が万一病気をもっていたりすると、大変な苦しみと悲しみを味わうのです。発達上の問題の場合には、出生時から一歳位までの乳児期には気づかないことも多いのですが、言葉をしゃべり始める一歳を過ぎた辺りから少しおかしいと感じ始めます。そして、通常簡単なやりとりができるようになる一歳半には、発達上の違いがますますはっきりしてきます。赤ちゃんのときにはそんなに気にもとめなかったわが子のさまざまな仕草や行動が、とても気になり始めるのもこのころからです。

そんなときに、家族や周囲の人たちから気になっている部分を指摘されたりすると、ますます心穏やかではいられなくなります。あるときは父方の祖父母の問いつめるような言葉に心が折れそうになり、あるときは子育てのやり方に口を出され激しいけんかになり、またあるときは夫から「子育てはおまえの責任だから」と突き離され深い孤独を味わったりします。

発達の問題に悩み診察室を訪れる親子の訴えや質問の裏には、このようなさまざまな厳しい道のりがあるのです。その親子の歴史を理解してしっかり話を聞いて共感をする必要があります。そして子どもの年齢が高いほど、周囲の人、祖父母や園や学校の先生なども含めて、関係がうまくいかなくなっている場合が多いのです。そんな絡《から》まってしまった縄目を丁寧に解きほぐし、お母さんやお父さんが将来に希望をつなげるような新たな物語を示すことが、プロの支援者である私の最終的な役割だと思っています。

その物語はお母さんやお父さんが、子どもが胎内にいるときから思い描いていた道程とは違う場合も多いとは思うのですが、その最初のイメージにこだわるのではなく、周囲の人も納得し理解できるような新たな物語を、一緒に紡ぎ出していくことができ始めたなら、もうその親子は大丈夫だと思っています。

2「ごめんね」より「ありがとう」

発達上の遅れや病気などの問題が生じた場合に、自分を責めて何度も子どもの前で「ごめんね、ごめんね」と謝るお母さんによく出会います。「賢く生んであげられなくてごめんね」「強く生んであげられなくてごめんね」という気持ちから出る言葉だと思います。「生みの母親である自分が子どものすべてに責任があり、何らかの問題が生じた場合はすべて自分の責任である」というその姿勢や気持ち自体は母親特有のものであり、尊いと思いますし、敬意を表します。

しかし、子どもの立場に立ってみるとどうでしょうか。自分のことで始終母親が悲しんだり謝ったりしていて、子どもはうれしいでしょうか。自分のせいで、大好きなお母さんが苦しんでいると思い、かえって自分のことが嫌になってこないでしょうか。

ですから私は、お母さんには、謝るのではなく、子どもの存在を感謝するようにしてくださいと伝えています。子どもの笑顔や無邪気さ、その好奇心や無垢《むく》なエネルギーなど、子どもから与えられるものは数えればいくらでもあるはずです。そのこと自体に注目し、喜びや感謝の気持ちを子どもに伝えるようにお勧めしています。自分のことを母親が喜んでいることは、子どもの心にこの上もない喜びや幸せを感じさせるでしょうし、それが情緒的な安定につながり、将来にわたる自己肯定感と意欲を育てていくことにつながるのです。

確かに忙しい日常の中で、バタバタと走り回る子どもに向かって「ありがとう○○ちゃん」と言うのは効果的ではありません。お風呂からあがってホッとしたときや、寝る前の静かなときに、その一日の感謝の気持ちをそっと伝えてみてはどうでしょう。そうすれば、お母さんの気持ち自体が豊かになり、毎日の終わりにその日一日を意味あるものとして終えることができるはずです。

ある意味充実して毎日を生きられるかどうかの違いは、さまざまな困難を皆それぞれがもっている中で、感謝できることや意味のあることに注目して毎日を積み上げていけるかどうかにかかっているような気がします。

3「もつ」ことより「ある」を大切に

エーリッヒ・フロムという哲学者が、『生きるということ』という著書の中で繰り返し強調している言葉です。彼によると人生の意味とは「何かを所有する」ことではなく、「どのようにある」かが大切だと言うのです。

私たちは日常の中で、また人生の中で、自分がどれだけのものを所有するかに目標をおいてやっきになり、心がそれにとらわれてしまうことが多いのですが、人間の欲望とは尽きることがありません。何かを所有することに価値をおいている人は、どれだけ所有しても、十分な満足を得ることが難しいのです。何か目標としていたものを手にしたときは、一時的に満足感や幸せを感じたとしてもそれは長続きせず、すぐに次に何かを得ようと焦ります。

一方で、「ある」ことを大切にする生き方というのは、「自分がどのようにあるか」ということを最も大切に考えます。友人との時間であるとか、家族との団らんであるとか、人と助け合ったりとか、何かを見つけて感動したりとか、つらいことに接して悲しんだりとか、自分が人生のさまざまな場面においての「どのようにあるか」に重点や価値をおきます。自分の良心に素直であること、自分の気持ちに正直であること、自分のことは他人の見解ではなく自分自身で決める自由をもつこと、感謝すること、共感すること、人を愛すること、人の幸せを祈ること、平和を願うこと、芸術を愛すること、自分を他人のために犠牲にすること……。色々なふうに自分は「ある」ことができます。

この「自分がどのようにあるか」は、しばしば自分の内面と最も深く関係しており、その人のもつ財産や地位や能力などにかかわらず実現が可能です。そしてそれを成し遂げるには、何かを所有する場合とは違って、人と争ったりせずに実現が可能なのです。

この生き方は、子育てにも通じます。最も充実した子育てとは、この「どうあるか」を大切にした子育てだと私は確信しています。子どもが何を得ることができるのか、どんなことができるようになるのか、どれだけ偉い人になるのかなど、「もつ」ことばかりに注目していると、同年代の他の子どもとの比較に心が奪われてしまいますし、一つでもできないことがあると気持ちは焦り、冷静でいられなくなります。しかし、子どもとの時間をどのように自分は過ごすべきか、どうあるべきかに注目すれば、子どもと一緒に楽しむこと、共感すること、発見すること、そして感謝し合うこと、助け合うこと、支え合うことがいかに重要で手応えのある生き方かに気づくことができます。そしてそういったかかわり方こそが、最も子どもを安心させ、自信をもたせ、自分らしく自由にはばたいていける、幸せを感じられる子どもを育てるのだと確信しています。

V・E・フランクルという有名な精神科医は、『夜と霧』という本に自身のナチスの強制収容所での体験を書いて注目されました。彼は妻や子どもを失うという極限状態の中にあっても、希望を失わずにいることが大切で、その人生に「イエス」ということができると述べて、全世界から反響を呼び起こしました。彼は生きる意味を、自分自身が生きていく中でどのような態度を示すかだとし、それを「態度価値」と呼びました。

また、聖書の中に「わたしの目には、あなたは高価で尊い。わたしはあなたを愛している」という一節があります。これは神が、やはり我々の存在そのものを肯定してくれている言葉ですが、クリスチャンの私自身にとってもこの言葉は、大きななぐさめになっています。

子育て中のお母さん、そして子どもたちも、日々の生活の中でしばしば悩み、ときには大きな苦難を味わうこともあるでしょうが、その瞬間瞬間を大切にし、その日一日を意味ある日にできるよう工夫してみてください。つらくて灰色一色に見える一日の中にも、必ず光り輝く瞬間が見つかります。そしてその瞬間の積み重ねが、あなたと子どもとの大切な人生の財産になっていくことでしょう。

笑顔、ドヤ顔、なみだ顔

私がアジア初の小児専門の緩和ケア病棟「こどもホスピス」でさまざまな身体的なハンディや時間的制約のある小児難病児と過ごす中で、いくつか気づかされ学ばされたことがあります。

先日あるテレビ局のスタッフが取材の一環で「こどもホスピス」を訪問されたときに、この子たちを「感情や気持ちが乏しいお子さん」と解説してよいですかと聞かれました。私は即座に申し上げました。

「それは違います。言葉や身振りなどで感情や気持ちを表現することはできないけれども、それを表現するのが難しいだけで、内面の感情や気持ちはとても豊かなんですよ」

私は最近ますますそのことに気づかされています。

「こどもホスピス」が始まって最初の一、二年は、子どもの「笑顔」の大切さについて特に注目していましたが、このことは外から見て分かりやすいために、どなたも理解してくれています。そして、開設して三年くらいすると、子どもたちがしょっちゅう「ドヤ顔」をすることに気づかされるようになりました。特にグループ活動のとき、アートセラピストとのお絵描きや運動会での車椅子競技で、自分の課題がうまくいったなどは、何とも言えない誇らしい表情を見せてくれるのです。

また、開設して五年を過ぎたころからは、子どもたちの豊かな感受性に気づかされてきました。先日、こんなことがありました。「こどもホスピス」には、橋本浩子さんというバイオリニストが作詞作曲してくださった「そのままの君」というテーマ曲があります。その曲をチャプレン室のスタッフが歌っている時のこと、いつもニコニコしている寝たきりの女の子が、突然両目から大粒の涙を流し始めたのです。スタッフはみなどうしようかと焦りましたが、曲が終わると本人はけろっとしてまたニコニコしています。

こういった体験を通じて、好きな歌や音楽を聴いて慰められたり感動する豊かな内面世界を、この子たちが持っていることに気づかされたのです。ですから、決して「感情や気持ちが乏しい」などと決めつけないでほしいのです。難病や障害のある子どもたちと出会ったときには、ぜひ笑顔で「こんにちは」とお声がけしてくれたらうれしいです。

子育ての場面でも、冒頭でも述べましたが、子どもに重度の身体障害があっても、とても前向きで、その瞬間、瞬間を大切に生きておられる親子に出会うと、かえってこちらが励まされ、教えられることがあります。一方でどうしても「隣の芝生は青く」見えてしまい、他の子どもと自分の子どもの成長を比較して落ち込んだり、不安になったり、焦ってしまったりすることもあるでしょう。ネットやテレビには、そういった親の気持ちをさらに強めてしまうような、理想の型にはめた子ども像があふれています。

我々はそういった雑音に振り回されることなく、目の前にいる子どもとの時間に集中して、新しい子育てを切り拓いてこられた先輩たちの背中に続きたいものです。

4章 子育ての悩み別アドバイス

「子育てが楽しくない」「妻のやり方が気に入らない」「夫が育児に協力してくれない」「欲しがる子どもにどこまで与えてよいか悩む」「この夜泣きはいつまで続くの……」「共働きは子どもによくないの？」「子どもをたたいてしまう」「子どもが学校に行きたがらない」……。

育児にまつわる悩みは、本当に尽きないものです。子どもの成長にしたがって悩みの質も変わってきます。この章では、診察室でよく聞く悩みから、ポイント別に子育てのアドバイスをまとめてみました。

「子育てが楽しくない」というお母さんへ

子育てが楽しくないという悩みは誰もが経験します。特に、一日中子どもと向き合っている入園前の子どもを抱えるお母さんの悩みは深刻です。毎日が同じことの繰り返しで、子どもが成長しているように感じられない。一体いつになれば終わるかも分からない。自分の時間も自由にならず、おしゃれもできない。旅行どころかレストランや映画にも行けない……。このような、自分の自由な時間や楽しく生きている実感の喪失があります。

また、抱っこのしすぎで腕が上がらない、夜も眠れず疲れが取れないといった肉体的な疲労も加わってきます。さらに、学生時代や仕事をしていたときには、自分が頑張ったことは周囲から評価されていたのに、今は毎日の大変な子育ての評価をしてくれる先生や上司は見当たらず、愚痴を聞いてくれる同僚もいません。さらに新婚時代は家事に感動してくれた夫からのねぎらいもなく、それどころか仕事に忙しく、子育ては母親に任せっきりでなかなか話をする時間もない……。最近の核家族の中ではこんな悩みが多いように思います。子育ては本来、喜びであり、苦労はあっても楽しみも多いはずなのですが。

子育てを楽しむ、ということを考えるときに思い出すことがあります。私の母のことです。

母は高校時代に結核を患っており、肺が半分しかありませんでした。そんな母にとって子育ては大きな負担だったはずなのですが、子育てを心から楽しんでくれていました。その象徴的なエピソードが「ブリキのたらい」の思い出です。

阪神・淡路大震災のときに再び活躍することとなったこの古いたらいは、母がかつて子どもの沐浴や洗濯に使っていたものでした。母の子育ての中で最も手がかかったであろう入浴や洗濯に使ってきた古いブリキのたらいを、使わなくなった後も二十年以上にわたって捨てずに置いていたのは、苦労もあったけれど楽しかった子育ての思い出の象徴だからなのではないかと感じています。

一方で現代の子育てを思うとき、洗濯機普及率百パーセントの時代に、入浴や洗濯はもちろん、家事全般がはるかに楽になっているにもかかわらず、子育てに楽しみを見出しにくくなっていると感じているのは私だけでしょうか。目の前の仕事に集中し、やり遂げるだけで大変だったころに比べ、今の時代は「子どもの相手をしなければいけない時間」が増えているとも言えます。

それでは、自分の子どもや赤ちゃんの相手が楽しめないとは、どういうことでしょうか。これは何となく分かる気がします。一歳から三歳の子どもの特徴に、何度も同じことを繰り返すことを喜ぶことがあります。また、自分の思い通りにならないと急に泣き出したりもします。

私自身も、幼児期の息子の相手をしながら、しょっちゅうイライラしていました。単純きわまりない遊びの連続にあきて眠ってしまい、子どもを怒らせることもしばしば。私にとって乳児から幼児とは、理解不能な生き物でした。こんなわけの分からない理解不能の幼児との時間を有意義に過ごすためには、「大人が子どもに合わせるしかないのだ」ということが分かるまで、しばらく時間がかかりました。

子どもと向き合うとき、自分の時間は子どもにあずけて、ひたすら相手に合わせるしかないとあきらめたときに、初めて光が見えたような気がします。自分の興味ややり方を捨てて、一見単純で気ままに見える子どもの興味や行動に自分を合わせてみたときに、初めて見えてきたものがあったのです。

今まで面白いと思えなかったブロックやパズルの面白さを再発見したり、子どもの示す世界の楽しさや不思議に気づくのです。そして少しずつですが、子どもの世界が成長していることに気づいたときには、自分自身も子どものころを思い出し再体験します。そして子どもと共に、自分が育ち直しているような感覚になりました。

ある意味子育てに没頭することは、もう一度自分が育ち直すことではないでしょうか。子育てを通して自分も人間的に成長するのです。このことは多くの親子と出会ってきて、間違いないと思っています。

一度、自分も子どもに戻ったような気分になって子育てをしてみませんか。きっと新しい発見や驚きがあると思います。

妻のやり方・夫の言い分

妻のやり方が気に入らない、ちっとも夫が手伝ってくれない。子育てにおけるこのような悩みには、本当によく出会います。子育てとは、基本的に夫婦二人でするものですが、どちらがどれだけ負担するかということについては、はっきりした決まりがあるわけではなく、各家庭がそれぞれの事情や決まり事に従って決めるしかありません。

本来なら協力し合うはずの夫婦が、自分本位に結婚生活をとらえている場

恐縮ですが
切手を
おはり
ください

郵便はがき

〒164-0001
東京都中野区
中野 2-1-5

いのちのことば社
フォレストブックス 行

お名前

ご住所 〒

Tel.

男　女

年齢

ご職業

e-mail 携帯電話のアドレス
パソコンのアドレス

今後、弊社から、お知らせなどを
お送りしてもよろしいですか？　□はい　□いいえ

愛読者カード

書名

お買い上げの書店名

本書についてのご意見、ご感想、ご購入の動機

ご意見は小社ホームページ・各種広告媒体で匿名にて掲載させていただく場合があります。

本書を何でお知りになりましたか？

- □ 友人、知人からきいて
- □ 広告で（　　　　　　　　）
- □ プレゼントされて
- □ 書店で見て
- □ 書評で（　　　　　　　　）
- □ ちらし、パンフレットで
- □ ホームページで（サイト名　　　　　　　　）
- □ SNSで（　　　　　　　　）

今後、どのような本を読みたいと思いますか。

ありがとうございました。

ご記入いただきました情報は、貴重なご意見として、主に今後の出版計画の参考にさせていただきます。その他「いのちのことば社個人情報保護方針 https://www.wlpm.or.jp/about/privacy_p/」に基づく範囲内で、各案内の発送、匿名での広告掲載などに利用させていただくことがあります。

合によくこのような声に出会う気がします。夫も妻もそれぞれに、「結婚前にはこんなことは聞いてなかった。話が違う！」と思っているのではないでしょうか。

しかし、大抵の場合、お互いに結婚生活は初めてでしょうし、子どもをもち、育てるという経験も初めてなのですから、聞いていない話が出てくるのは当たり前なのです。子育てについての考えに違いがあるのも当たり前。むしろそういった初めての事柄に出会って、その問題や困難を互いに助け合って乗り越えていくのが夫婦生活の本質であるはずです。しかし、頭では分かっているはずなのに、実際に自分の予想と違うことが起こると、対応できなくなってしまうのでしょう。

私自身は結婚後なかなか子どもができなかったこともあり、生まれた赤ちゃんが自宅に帰って来るまでは、自分が親になるという実感が湧きませんでした。むしろ、想像すらできなかったというほうが当たっているように思います。ですから、親になることは心から願っていたはずなのに、いざ現実になってみると、フワフワした宙を浮いているような何とも表現し難い感覚をもってしまいました。そんなありさまですから、自分が親になったときのイメージや夢を具体的にもっていたわけではありません。

赤ちゃんと過ごす時間ははっきり言って新しいことばかりでした。小児科の医師としての経験と子育てはまた別なもので、困ったことやうろたえることばかりだったように思います。

しかしそれ以上に、新たな発見や驚きも山ほどあって、それはそれは楽しい経験でした。例えて言うなら、未知の土地へ旅に出て、毎日が冒険しているようなものでしょうか。もしこれがどんな感覚か分からないという方は、かつてＮＨＫで放送され大人気だったドラマシリーズ「大草原の小さな家」の原作本かＤＶＤ、あるいはこれもテレビで人気を博した「ムーミン・シリーズ」を見ていただければと思います。一見何の変哲もない日常の中で、さまざまな事柄が起こり、それこそワクワクしてしまいます。子育てとはある意味「日常の中の奇跡」なのだと言うのは言い過ぎでしょうか。

書店にたくさん並んでいる、写真がたくさん入ったカラフルで大判の育児雑誌があります。これは色々な情報を仕入れるという意味では役に立ちますし、私たち夫婦も何冊か購入していましたが、しかし、それまででしょう。生まれてくる子どもにどんな服を着せようか、どんなおもちゃを与えようかと楽しむようにはできているのですが、実際の体験とは違う美しいイメージや、楽しい期待ばかりがふくらみすぎるのではないでしょうか。子育ては冒険と同じで、毎日何が起こるか予想できないからこそおもしろいのです。

現代は情報化社会です。すべて前もって分かっていないと海外旅行も、学生生活も、就職も、結婚生活も不安だという方も確かにおられるでしょうし、何をのん気なことを言っているのかと笑われるかもしれません。ただ子どもを育てるということは、「未知との遭遇」であることだけは頭の中に入れておいていただきたいと思います。

欲しがる子どもに何をどう与えるのか

物にあふれた豊かな時代の子育ては、何をどう与えるのかを判断するのが大きな課題となってきます。子どもは色々な物を欲しがりますが、そのときに何を買い与え、何を我慢させるかは、どこの家庭でも悩むことではないでしょうか。ここで一つの原則をあげるとするならば、それは、「子どものためになるものを買う」ということでしょう。

私自身は牧師の家庭に育ちましたから、幼少期から学童期には勉強道具以外には誕生日を除いて、おもちゃなどを買ってもらったことはありませんでした。今の日本は豊かになり、色々なおもちゃが身近に手に入るため、どの程度まで子どもの欲しがっているものや要求を聞くか、かえって判断に迷うのです。

私が以前出席した米国小児科学会で興味深い発表がありました。それは主に、小学生から中学生までの腎臓疾患や血液疾患などの慢性の病気をもっている子どもに、親や友達が支援したときに、どのような変化が彼らに生じたかという研究報告でした。支援の内容は、「物質的支援」と「感情的支援」に分けられます。そして、その物質的な支援には「直接的な方法」(直接買い与える、与える等)と、「直接的でない方法」(本人がどうすれば手に入るか考える)があります。また感情的な支援としても「直接的な方法」(直接慰める、解決策を提示する等)と、「直接的でない方法」(どのようにすれば落ち着くか本人が考えたり、選択することを支援)があります。

ここで本人たちの自尊心が明らかに向上したのは、「感情に対して」親あるいは友達が支援した「直接的でない方法」でした。そして、本人たちの生活の質が明らかに向上したのも、「感情に対して」親あるいは友達が支援した「直接的でない方法」でした。

そして物質的支援については、友達からの「直接的でない支援」が明らかに生活の質を向上させましたが、一方で驚いたことに、親からの直接的な物質支援は向上を認めないだけでなく、本人達の生活の質を明らかに低下させたのです。

このことはつまり、慢性疾患に苦しんでいる子どもに、親が良かれと思って行った物質的な支援というのは、効果がないばかりか、直接的であればあるほど、子どもの生活の質を低下させるリスクをもっているということです。

親ができる最も効果的な支援というのは、「感情に対する」「直接的でない方法」によるものであり、これらにより子どもの自尊心や生活の質は明らかな向上を示します。親はたとえ子どもが慢性の病気に苦しんでいたとしても、安易に物を買い与えることは慎み、むしろ自分自身で感情を落ち着かせることができる方法を選択すべき、との報告結果でした。

私はこの研究報告を聞いて、親の行動のもつ重要性に改めて気づかされました。親は確かに、子どもを含む家族の住む場所を維持し、整え、毎日の食事を用意し、家族を外敵から守るという役目をもっています。だからといって子どもの精神的な危機に対して、単に物を買い与えたりすることは、もちろん必要な場合もあるでしょうが、かえって悪化させる場合もあるのです。

買い与え過ぎの悪い典型例として思い出されるのは、『ハリー・ポッターと賢者の石』の中に出てくる、主人公・ハリーにつらくあたる叔母夫婦のエピソードです。彼らは自分の一人息子であるダドリーに何十個というプレゼントを買い与え、好きなだけケーキを食べさせて機嫌をとるのですが、ダドリーはそのことによって甘やかされ、何が正しいことか分からない、感謝することを忘れた子どもとして描かれています。これはやや極端な表現ではあるのですが、象徴的でもあります。

先の研究報告では、たとえ子どもがつらい慢性の病気をもっていても、過剰な物質的サポートは十分に注意して行うべきであることを私たちに示してくれました。つらい病気をもっていてかわいそうだからといって、物を買い与えれば良いというものではないのです。ただ物を買い与えるだけでは子どもは成長せず、かえって自尊心や生活の質を損なう場合があることは肝に銘じておきましょう。

最後に、感情的な問題や、自尊心の低下に苦しむ子ども対して、親としてどのように対応すべきか具体的に考えてみましょう。

この研究報告では、親や友達による「直接的でない方法」による、「感情的支援」が最も有効であると示されていました。「直接的でない方法」とは「どうすれば落ち着くか、改善するか本人が決めることを支援する」ことですから、「こんな方法やこんな方法はどうだろうか、考えてみてごらん」「私たちも手伝いますよ」「側にいて応援していますよ」「こうしてみたらどうだろう」「あなたは十分に頑張っていますよ」というような助言をしたり、子どもといられることを感謝していることを伝えたり、子どもとの時間を大切に思っていることを伝えたり、ときには励ましたり一緒に悲しんだり……。そういう一見すぐには結果が見えず、ときには忍耐が必要なことが、結局子どもたちの精神的支援や自立を促すためには重要なのです。

夜泣き・睡眠の悩みに

子どもは一歳前後になると、夜に泣いたりぐずったりして、親は悩まされることがあります。いわゆる「夜泣き」と呼ばれる現象ですが、なぜこのころに夜泣きをするのかは、はっきり解明されていない点もあります。一部には、このころから夢を見始めるせいではないかとも説明されています。

私の息子も一歳すぎから半年ほど夜泣きの時期を経験しました。夜泣きが始まると、夜中に起き出して抱っこしたり、飲み物を飲ませたり、あやしたりして何とか寝かしつけようとしました。

夜泣きの対処法の一つとして、生活リズムを整えることがあげられます。小さいころには、とにかく睡眠リズムをしっかりつけてあげることが、子どもの成長にとって大切です。実際、身長の成長にとって不可欠な成長ホルモンも、夜寝ている間に多量に、しかも爆発的に出ることが分かっています。また脳波で調べてみると、夜に認められる脳の電気活動と昼に認められる電気活動の波はまったく異なっていますが、脳神経の休息と成長にも夜の睡眠は大切なのです。

三歳から五歳の子どもの親御さんからも、「なかなか夜寝なくて困っています」という相談をよく受けます。三歳から五歳はまだ昼寝をしていることの多い時期です。こういった悩みに対して、「夜はなるべく早く寝かしつけるようにしましょう」とアドバイスしても、「やっています」という答えが返ってくることがほとんどなので、私はむしろ「昼間にしっかり活動させてください」とアドバイスするようにしています。昼間にしっかり活動させれば夜は自然と眠くなるものです。そして朝はできるだけ決まった時間に起こすように助言しています。

私たち夫婦も、子どもを寝かしつけるときには、親も入浴をすませ、テレビを消して、子どもと一緒に横になるようにしました。薄暗い静かな雰囲気の中で、絵本を読んであげたり、一緒に話をしたりして、眠りに入りやすいように工夫をしました。例えば、父親がちょうど子どもの寝る時間に帰宅したりすると、これらの努力が水の泡になったりします。子どもは父親に遊んでもらえると興奮して目を覚ましますし、お母さんはお父さんの食事の世話などで、子どもを寝かしつけている余裕などなくなってしまいます。また、お父さんとお母さんが何か話をしていると、子どもはおしゃべりに加わってきたりして、なかなか寝てくれません。ちょうど大晦日《おおみそか》の夜には、どの家の子も興奮して寝ないのと似ています。

わが家の場合は、息子が一歳過ぎから四歳ごろまでは私の帰宅時間が十時を過ぎることが多く、息子は私と遊ばないと落ち着かないらしく、その後十一時をすっかり回ったころに、ようやくふとんに入るようになってしまいました。妻も働いていたので、朝は七時半には保育所に連れて行かねばならず、夜だけでは十分な睡眠時間がとれず大変でした。幸い保育所で一時間半〜二時間程度の昼寝の時間があり、そこでしっかり寝ることで何とかしのいでいました。

しかし、六歳になるころには保育所でも昼寝はなくなり、小学校でも昼寝の時間はありませんから、息子の夜眠る時間も九時過ぎになるように工夫したものです。私も夜九時までには帰るように努力し、十時以降に帰るときには息子が寝入るのを邪魔しないように気をつけました。それでも昼寝がなくなってからは、息子は土曜日の朝にまとめて眠ることが多くなりました。

余談ですが、息子は四歳ごろまではしょっちゅう熱を出しました。夫婦どちらも仕事を休むことができずに、そのたびに妻の母に新幹線で下関から大阪まで来てもらい、息子を見てもらっていました。しかし不思議なことに、小学生に上がってからは息子が平日に熱を出すことはほとんどなくなり、必ず学校が休みになる土曜日の朝に熱を出すようになりました。もちろん意識的ではなく無意識になのですが、平日に熱を出すと親が困り果てるので、自然とそういう具合に身体が反応したのではないかと思っています。

話を元に戻しますが、一般的には小学生以降になると、夜寝ない理由が少し複雑になってきます。昼間友達とけんかをしていたり、いじめられたり、悲しいことがあったりして興奮していたり不安を感じたりしていると、夜眠れなくなる場合があります。そんなときには、可能な限りその不安を早めに取り除いてあげたいものです。

子ども自身が、何が不安なのか気づいていないことも多いのですが、こんなときには「何か嫌なことがあったの？」と直接聞いても答えが返ってこないでしょう。何か違う話をしていたり、一緒にお風呂に入ってリラックスしていたり、おもちゃで遊んでいたり、寝る前にゆっくり本を読んでいたりというまったく関係のない場面で、「今日学校でね……」と話し出すことが多いのです。そんなときは、大切な話をできる最大のチャンスですから、家事も仕事も放っておいて、子どもの話に集中しましょう。

ただ、このときに話される内容はあくまで子どもなりにとらえた内容ですので、事実と異なるかもしれないことを認識しておく必要があります。子どもが、「けんかをしかけられた。いじめられた」などと言う場合でも、自分の子どもにも原因があり、お互い様である場合も多いのです。

大事なことは、子どもの訴えや不安に耳を傾け共感すること、そしてどうすべきかを一緒に考えていこうとする親の姿勢を示すことでしょう。そこで親が一方的に大人の意見を主張することは、一見有効そうに見えますが実際に子どもが置かれている状況の中では実現不可能な場合が多いのです。先にも触れましたが、子どもが自分で解決策を見出すという力を妨げたり、自分はできるんだという自尊心を損なう場合もありますので、できるだけ子どもの立場や意見を尊重しながら話を聞いていくことが大切です。

私が数年にわたり相談にのっていた高校生の女の子のケースです。この子の睡眠パターンは非常に特徴的です。一日が二十五時間のリズムなのです。つまり、毎日眠る時間が一時間ずつ後ろにずれていくのです。そして二十四日間でまた元に戻ります。実際にその睡眠時間の表を見せてもらいましたが、本当にびっくりしました。ちょうど毎日一時間ずつきれいに睡眠時間が後ろにずれていっているのです。

彼女はコミュニケーションが苦手なために、小学校時代は友達関係や先生との関係で大変な苦労をしていたようです。その反動が出たのか中学生になってしばらくして学校に行くのが難しくなってしまいました。しかし、ご両親は非常に愛情深く彼女に接しておられ、今はイラストを描くことに夢中です。人のもつサーカディアンリズム（生物の行動や生理現象に見られる二十四時間周期のリズム）は、暗闇では二十五時間になりだんだん後ろにずれていくということはよく言われますが、ここまできれいに一時間ずつずれていく様子を見ると、それが事実であると納得しないわけにはいきませんでした。

（通常、人は昼間に仕事をしたり、夕食後に風呂に入ってリラックスして寝る準備をしたり、自分で能動的にリズムを取ることで二十四時間のリズムが乱れないよう調整しています）。

最近は大人でも睡眠について悩んでいる人も多く、「睡眠外来」という専門の外来もあります。睡眠外来の専門の先生によると、夜早く寝る努力をするのではなく、朝をいかに規則正しく起きるかが大切なのだそうです。また私の尊敬している方に、猛烈に仕事をして一日に三、四時間しか睡眠を取らないことで有名な新生児科の医師がおられました。しかしその先生は、昼寝を四十五分することがどうしても必要で、その昼寝の間は、電話にも一切出ずに頭を休めることが睡眠パターンの維持に不可欠だそうです。思春期以降になってくると、実に色々な睡眠パターンが出てきます。

眠りについてまとめると、乳児期から幼児期は環境を整えること、学童期には不安の解消にも気を配ること、そして思春期以降は専門医との相談も考慮して柔軟な対応をすることが大切です。

共働きの育児

このことに関して、私自身は反省しきりです。というのは、私は病院の小児科医という仕事柄、週に二、三日は家にいない生活がずっと続いていたからです。私たち夫婦には社会人の一人息子がいますが、彼をここまで育てるのにフルタイムで仕事をする妻にはとても大きな負担をかけたと思っています。ここでは、ハードな共働きをしながら子育てをしてきた私たちの経験から、反省点も含め実感していることを記したいと思います。

共働きの子育ての場合には、家事の分担も父親が半分とはいかないまでも、かなり担うことが必須になります。そうしないと夫婦間のバランスがとれないからです。家事をほとんど手伝えなかった私は、仕事の性格上仕方がないとはいえ、妻とその両親に多大な負担をかけたことを申し訳なく思うと同時に、いくら感謝しても感謝しきれません。もちろん、保育所や学校の先生方や、地域のつながりにも大変めぐまれお世話になりました。

また共働きでは、休日の過ごし方も大切になります。その時間を使ってたまった家事や雑用、平日ではやれない家の修理や片付けや買い物などをしなければいけません。また、平日はなかなか親子の時間が取れないことが多いので、休日にゆっくりと話し合う機会をもちましょう。もちろん、子どもが小さいときには一緒に遊ぶだけでもいいのです。

思春期の子どもの場合は、かえって何も話したがらないことも多いでしょう。改まって話をするというよりは、映画を見に行ったり、カラオケに行ったり、ボーリングに行ったりして楽しい時間を過ごすようにします。そうした中で子どもは、普段なら両親が忙しそうで言えないことを、今なら大丈夫と安心して話したりするのです。こういうときは、自分が直面している重要な問題を口にすることも多いのです。

最後に声を大にしてお伝えしたいのは、共働きの子育てでは夫婦のコミュニケーションが特に大切だということです。お互い忙しくしていても、子どもがどんな悩みをもっているのか、どんな課題に取り組んでいるのかなどを、お互いが把握しておく必要があります。私の場合は夜遅く帰宅しても、妻が子どもの学校での様子や、抱えている問題について丁寧に伝えてくれたおかげで、子どものおかれている状況をかなり把握できました。ですから、ハードな仕事の合間の短い時間でも、ポイントを押さえて子どもとかかわれたのだと思っています。

また、お互いの子育てにおける役割をしっかりと夫婦間で話しておくことが大切です。私は当直で夜に起こされるのは慣れっこなので、夜のミルクや、夜泣きのあやし役は私の仕事でした。また息子の数学の勉強の相談にのったり、朝のゴミ出しや家族の送迎が私の仕事になっていました。共働きの子育てはかけられる時間が圧倒的に限られますが、母親が父親に最もして欲しいことの一つだけでも父親ができていれば、夫婦は共同の歩調を取りやすく、子育てもうまくいくでしょう。

虐待という問題に

　私は病院だけでなく、児童相談所（家庭センター）のアドバイザーおよび嘱託医を十五年以上にわたって続けています。また数年前からは、児童部会の委員も務めています。そういった中でも、多くの虐待の相談に出会いますが、その度に胸がしめつけられ、心が苦しくなってしまいます。どうしてこんなことになってしまったのか、どうすればこのような事態を防ぐことができたのかと色々と考えてしまうのですが、簡単に答えは出ません。ただ一つ言えることは、虐待を受けた子どもはもちろん本当に辛い体験をしていますが、一方で虐待を行ってしまった親のほうも、逃げ場のない袋小路のようなところでもがいていることが多いのです。

　仕事がうまくいかない、持病があり体調がすぐれない、経済的に困窮している、話せる人がいないなど、肉体的にも精神的にも疲弊してしまっているときに、子どもの夜泣きが止まらない、食べ物をちらかす、ベランダで走り回る……などの困った行動に繰り返し悩まされると、始めは口で注意していたのが、だんだんエスカレートして最後は手が出てしまう。そしていったん手が出ると、子どもはますます大声で泣き続けるので、より一層エスカレートする、といった場合も多いのです。

よく言われていることですが、早い段階で何か食い止める手段を取っていれば、ここまで深刻にはならなかったと思わされるケースはしばしばあります。例えば父親の暴力や浮気で離婚し、母子家庭でなじみのない場所に引っ越しをすると、そこに自分の居場所がなく孤立することがあります。また意外に多いのが、母親が実の親や兄弟とうまくいっていない場合に、子育ての助け手や相談相手がおらず、母子だけで煮詰まってイライラをつのらせ虐待に至るケースです。父親が威圧的で、母親や子どもに対して「しつけ」と称して暴力を振るうのは分かりやすい典型ですが、両親が不仲で毎日激しく口げんかをしている場合、目に見えない形ですが子どもは虐待に近い状態に置かれます。

このように、親が自分自身だけでは処理しきれない問題を抱えてしまったとき、社会には有用な利用可能なネットワークが実に色々あります。地域の子育てサークル、ボランティアのNPOによる子育て支援活動、行政の相談窓口や保健師による訪問、その他にも大学の相談コーナー、最近では放課後デイサービスや児童発達支援事業所など色々な形で存在しています。このネットワークを、多くのお母さんに知ってもらい利用してもらうことは、虐待の重要な予防策になります。

「こんな悩みがあるのは自分だけではない。誰でももつものなんだ」
「辛いときには周囲の人に手を借りながらやってもいいんだ」
「子育てがしんどい、つらいと言ってもいいんだ」
「すぐ身近に信頼できる人と人との絆《きずな》があるんだ」

そう気づいていくことは、大きな一歩なのです。

人は誰しも自分一人の力だけでは弱いものです。完全な人間などこの世に一人として存在しません。そういった弱さを家族で補い合うことができれば良いのですが、それができないとその閉塞感が子どもに向かい、自分でも気づかぬまま大変な事態を引き起こしてしまいます。その弱さがあるからこそ、自分が弱い存在であることを率直に認め謙虚に工夫して生きる術を見つけると、それは強さに変わるのです。

今の若い世代は、ゲームやイメージの世界で的外れの全能感を感じやすいのですが、人生とは階段を一歩一歩地道に上っていくしかないという厳しい現実に触れることが少ないように思います。聖書の中に、「力は弱さの中でこそ十分発揮される」という意味の言葉があります。弱さをもっているありのままの自分に気づき、それを誰かに受け入れてもらうことができたなら、孤立していた、あるいは子どものことが愛せない自分も変わってくるはずです。社会ともしっかりつながりながら、子どもを守り、育て、愛おしむ自分を見つけて欲しいと心から願ってやみません。

「学校に行きたくない」と言われたら

不登校率は二〇一六年の内閣府子ども白書の報告によると、小学生の一・四六％、中学生の三・〇一％というデータがあります。この数字は、中学生の場合、実に十万人以上が不登校で学校に行けていないということです。その発生率も、この十五年で少しずつ増えています。私も外来で、何人もの不登校の子どもの相談を受けてきました。

何が不登校という状態を引き起こしているのでしょうか。本人の問題でしょうか。学校の問題でしょうか。それとも家庭内の問題でしょうか。その理由にはさまざまなことが言われています。確かに、特定のクラスメイトとの関係が悪かったり、いじめが原因で登校を怖がったりというような場合もありますが、実は多くの場合が、はっきりとした原因が特定できないのです。しかも、あれこれと犯人探しをすることは、一見有効な方法のようですが、実際には不登校の改善にはつながらず、かえって関係者の仲が悪化してしまい、ますます事態が膠着《こうちゃく》化する場合もあるのです。

不登校の子どものタイプは大きく分けると、家から出られずに引きこもってしまうタイプと、行けないのは学校だけで、塾や近くのスーパーや映画など学校以外には平気で行けるタイプがあります。前者のタイプは、家の外の世界自体に不安や恐怖を感じており、その認識を変えていくようなアプローチが必要になります。ある人には音楽や絵画が有効ですし、ある人には将棋や囲碁が良かったりします。その他、犬や猫などの動物との交流が有効な人もいます。その子が興味のもてる活動を通して人と交わり、少しずつ他人との関係作りの体験を積み重ねていくのです。

一方、学校にだけ行けない後者のタイプでは、例えば慣れるまで学校に保護者が付き添ったり、保健室や特別支援クラスを利用したり、運動会や音楽会などの行事から参加するようにしたりします。その他、放課後から登校して過ごしたり、短時間からの登校を試みたりといった方法をとります。

ここで忘れてはならないのが、身体面の問題です。例えば、起立性低血圧を伴う自律神経失調症で朝にまったく起き上がれなくなり、少しずつ登校できるようになるまで数年かかった高校生のケースがあります。この子の場合、中学三年生のときには半分も学校に行けませんでした。高校生になっても大変な苦労を重ねながら、出席日数を獲得しました。成績は決して悪くなく、友人関係も良好で、クラブ活動も楽しんでいるのですが、朝、低血圧のため身体が動かずに休む日が続くのです。また、小学校高学年になって喘息《ぜんそく》発作を繰り返し、なかなか学校に行けないケースもありました。

このような場合には、身体面の治療をしっかりしながら、精神面へのアプローチも同時に行うことが重要になります。ただ腹痛や頭痛、咳《せき》や発熱が漫然と続くといった原因不明の身体症状が、学校を休むと速やかに治ってしまう場合があります。このような症状は「心身症」と呼ばれるもので、精神面の不安やストレスが原因にあります。この場合には心理的アプローチが中心になります。

「どうして学校に行かなきゃならないの」「学校なんか行って何か意味があるの」。ほとんどの親は、子どもから一度はこんなことを言われたことがあるのではないでしょうか。

その時期は、子どもによって違うでしょう。学校に慣れてきて、仲間意識の発達とともに仲間はずれやいじめの問題が出てくる小学校三、四年生ごろかもしれません。また、いきなり勉強が難しくなってテストの点数が簡単には取れなくなる中学生かも知れません。また自己存在の意味や、自分の独自性などの問題に悩みを感じ始める高校生のときかも知れません。

自分自身の子どものときを思い出してもらいたいのですが、実はこういった疑問は小さいころから感じているものなのです。その疑問をごまかしたり、無視したりして強制的に登校させるのではなく、その時期・年齢に応じて、一緒にこの問題に取り組み、悩み、どうしたら乗り切っていけるのかを考える親の姿勢が大変重要だと思っています。

どんなに幼く見える子どもでも、納得できないまま意味を感じられない行動を続けると、心が疲れてくるのです。そういった疑問が未解決なまま、たとえ高校卒業までを乗り切ったとしても、その後に問題が生じる場合があることも忘れてはなりません。激しい受験戦争をくぐり抜けて大学に入学したのはいいけれども、何をすべきか分からず引きこもったり、新社会人が会社に入ってから二、三年で社会や仕事になじめず辞めてしまったりする話を良く耳にします。また最近増えているのが、会社の中で責任が重くなる三十代、四十代にその状況に耐えられずにうつ状態になってしまうケースです。

具体的にはどのような対応方法が適当なのでしょう。今流行のインターネットの情報サイトに掲載されている方法でしょうか。しかし、それはあまり有効ではないでしょう。なぜなら、不登校の子どもが直面している事態というのは、非常に個別的だからです。「学校へ行くことへの疑問」は、すべての方が一度は頭を悩ませる問いかけなのですが、それぞれ違う方法で対応する必要があります。親に頼らずに自分自身で本を読んだり、テレビを見たり、ラジオを聞いたりする中で、自分独自のやり方を学び乗り切ってきた方もおられるでしょうが、やはり周囲の理解は不可欠だと思います。重要なのは、両親や良き相談相手となれる年長者が話を聞き、その直面している事態を解きほぐして、どうしたらいいか一緒に考えてあげることなのです。

毎日の生活の中で親から見たら何でもないことが、本人にとっては動かし難い壁だったり、重圧だったりするのです。読者の方も、自分が教室にいたころを思い出してください。大人のような判断力のない自分が毎日過ごしているのは、外部からは閉ざされた教室という世界なのです。その中では、いったんでき上がってしまった子ども同士の力関係があり、その中で嫌だと感じる気持ちを、自分だけでぬぐい去ることは難しかったはずです。

どうか皆さん、子どもの出すサインを見逃さずにしっかりキャッチして、子どもの立場に立って一緒に解決策を考えてあげてください。問題解決を先延ばしにしないでください。そうすれば、親子で悩み、取り組み、乗り越えようとする時間の中で、親自身の人生観や考え方も問われ、そして親子で成長していけるはずです。早い段階からの親子での解決に向けた取り組みを通して、柔軟な心や前向きな考え方を得ることが、不登校や引きこもりに対する最も有効な処方箋になるはずです。

新しい発見と出会いを探そう

私自身の子どものころの思い出で最も美しいものは、何といっても家の周囲の自然です。当たり前のことのように思われそうですが、世界中のどこでもそういうわけにはいきません。日本人は本当に恵まれていると思います。美しい四季に加え豊かな自然がごく身近にあるからです。

春の桜の艶《つや》やかさ、夏の緑の青さ、川のせせらぎ、秋の紅葉の美しさ、そして冬の雪景色など、自然の神秘に思いを寄せたときに、日常の悩みが多少なりとも癒《いや》されるのは私だけではないはずです。子どもを育てているのは確かに私たち大人なのですが、大人も恩恵を受けている自然の雄大さや、太陽や海の恵みや、ごく身近にある自然の不思議さを、機会を見つけて子どもと一緒に居場所として楽しむことを強くお勧めします。

子どもは小学校高学年以降の思春期になると、ニュースで知った社会の出来事からも影響を受けるようになります。そんな多感な時期に、新聞やテレビなどで、一流大学を卒業した財界人や政治家やお役人などのいわゆる社会的な「成功者」たちが汚職や犯罪で逮捕されている現実に触れるのです。若者は将来の仕事に夢をもてなくなり、何のために勉強するのか分からなくなってしまいます。

そんな時代だからこそ、大人自身が広い世界に目を向け、まだまだ私たちがやらなければならない行いというか、やりがいというか、そこに生きていて良かったと思える意義深いことを見つけ、若者に示していく必要があるのではないでしょうか。それは決して大きいことではなく、異国の人との手紙のやりとりとか、貧しい国の製品を買うなどの小さなことでもいいはずです。子どもたちに、そういった意義や喜びを伝えていくことが、子育てにとっても意味のあることと思います。

自分たちの住んでいる場所だけでなく、外の世界にも時折目を向けて、ともすれば乱れがちな世界や環境の安定に心や思いを重ねていくなら、子ども自身の人生に対するとらえ方も自ずと変わってくるでしょう。家の周囲のごく身近にある自然と、全世界の安定と、私たちの生きている意味の深さとは無関係ではないと思います。


私は中学生のころから英語は苦手でした。けれども、海外の友達が欲しい、そして日常の他愛もないことから、文化の違いや人類の未来についてまで、色々な話をしてみたいという夢をずっともち続けていました。今でも難しい会話は得意ではありませんが、大学生のころから中国やフィリピンなど世界のあちこちに出かけて行っては、その国の人々との友情を大切に積み重ねてきました。また父親のつてで、米国やドイツの教会や学校、子どもの施設や病院を訪ねるという幸運にも恵まれました。今では自分自身が単身で海外の学会などに出かけても、声をかけあったりできる知り合いが増えました。

小児科医になって三十年近くになりますが、やっと自分の夢に近づけたことを感謝しています。医者という職業であること、父親が海外に多くの友達をもっていたことなど、多くの幸運が後押ししてくれたため可能だったのかもしれません。けれども、忙しい子育てをする中でも、子育てということを通して外の世界に目を向けることもできます。

私の知り合いは、ＳＮＳなどを通して、子育ての悩みを共有できる友人と、海外も含め広く交流しています。皆様も自分の住んでいる地域以外にも知り合いを見つけてみてはいかがでしょうか。きっと子育てにおける新たな喜びを発見されることでしょう。子育て自体は各々の家庭でまったく異なって当然ですが、その苦労や喜びは全世界共通なのですから。

発達障害に対するさまざまな取り組み

ここでは少し専門的な話になりますが、発達障害に関する最新の研究や治療について報告させていただきます。

この数十年でＡＳＤ（自閉症スペクトラム障害）を含む発達障害の発生率が急激に増加していることが世界中で問題になってきています。二〇一三年に報告された米国国立衛生統計センターのデータでも、二〇〇七年から二〇一二年のわずか五年の間に一・一二％から二・〇〇％に上昇にしており、世界に衝撃を与えました。文科省の報告では、日本における自閉症や情緒障害が原因で特別支援教育が必要な児童の数は、平成十四年の二万一千人から、平成二十五年には七万四千人と三倍に増加していました。すべてが患者数の増加ではないものの、効果的な治療法の開発は喫緊の課題でもありました(放課後等の教育支援のあり方に関する資料データ集、文部科学省発達障害発症率より)。

このようにＡＳＤの人は今では全人口の一・三％存在すると言われ、社会的適応に大きな困難さを持つことから、さまざまな心理的アプローチや、教育的アプローチ等が試みられてきました。一方で、二〇一一年にはネイチャー誌上でＵＣＬＡの神経科学者のイリナ・ヴォイネグ氏が、二〇一五年にはサイエンス誌上でボストン小児病院およびハーバード大学の小児神経科医師シャヒン氏が総説で紹介していますが、ＡＳＤを含む多くの発達障害は、その原因として遺伝学的な素因だけでなく、環境要因等の存在が推察されています。しかしながら、これまで多くの研究はあるものの、決定的な原因がまだ特定できていないのが現状であるため、さまざまなアプローチはあるものの、原因を取り除く明らかな治療法がないというもどかしさが世界中の医師や研究者の間にありました。

そのような中で、最近では体を防御するシステムである免疫に関する遺伝子の異常が自閉症の脳内で認められることを、米国の科学者のサイモン氏が二〇一四年にネイチャー・コミュニケーションズ誌に報告して注目されました。二〇〇五年には、すでに米国の精神神経科医師のヴァルガス氏によって、自閉症患者の脳の中を流れている髄液中で、炎症が体内で生じた時（例えば、ひどい外傷や肺炎や虫垂炎など体に病原体が侵入した時など）に血液中に増加する炎症性物質（インターロイキン6やTNFαなど）が上昇していることが報告されていますし、二〇一三年にも、お腹の赤ちゃんの脳に対する母体の抗体反応が自閉症モデル動物で生じているとの報告もされました。

ここでASDの原因を考えるにあたり、我々の行動をコントロールしている脳の構造を簡単に説明させていただきます。脳の中で物事を考えたり判断する主な場所は、大脳皮質という大脳の表面にある部分なのですが、この大脳皮質は六層の細胞層から成り立っています。これらの大脳皮質に存在する神経細胞の数は百四十億個ほどあり、小脳や脳幹など他の部分も含めると神経細胞の総数は千億個以上あると概算されています。一方で、脳内にはその他にも、神経細胞ではない脳を構成する細胞群が存在し、それはグリア細胞あるいは神経膠《こう》細胞と総称されており、その数は神経細胞の十倍から五十倍存在すると言われています。これらのグリア細胞の役割は実はまだ未解明の部分も多かったのですが、神経情報の伝達や、免疫反応などに関わることが最近の研究で明らかになってきています。

我々の体内での免疫防御反応は、血液中の白血球がその役割を主に担っていますが、脳内にはこれらの白血球が侵入できないような仕組みになっています。その代わりに脳内で免疫防御反応の役割を担っているのが、このグリア細胞の一つのミクログリアと呼ばれる細胞なのです。ところがＡＳＤでは過剰なミクログリアの活性化など免疫機序の異常が起こっていることが多くの研究者によって指摘されてきているのです。日本でも浜松医大の研究グループが、若年の成人ＡＳＤの患者の脳においてミクログリアが活性化しているという研究成果を、ＪＡＭＡサイキアトリー誌（精神医学専門誌）に二〇一三年に発表しています。この研究はＰＥＴという特別な機器を使用して、十八歳から三十一歳までの二十一人の男性ＡＳＤ患者と、知能指数と年齢が同程度の二十人の健康な正常男性の、脳における活性化したミクログリアの分布を測定し比較することにより行われました。そこでこれらの免疫機序の異常により生じているＡＳＤに対しては、免疫反応を軽減し調整する治療法が理にかなった有望な治療法と考えられ、二〇一八年にも免疫グロブリンの探索的臨床研究結果が報告されたばかりで、この分野の進歩は目を見張るものがあります。

また同様に、免疫反応を軽減することにより効果が期待されている治療法のひとつに、私も研究グループの一員として加わっている、大阪市立大学の濱崎考史教授（発達小児科学）を中心とした研究グループによる自己臍帯血《さいたいけつ》幹細胞治療があります。臍帯血には免疫を調整し、脳の神経細胞の連絡を向上させるような幹細胞成分が多く含まれることが実験的にも示されてきました。臨床的にも、すでに米国デューク大学や中国においては、ＡＳＤに対する自己臍帯血幹細胞や臍帯血単核球細胞による治療の第一段階の研究結果が発表されましたが、行動面や社会性などに改善が認められており、現在第二段階の臨床研究が進行中です。この、自己臍帯血幹細胞治療は本人の出生時の臍帯から保存された臍帯血を利用するために、安全性が極めて高く、また倫理面での問題が少ない点でも優れています。

日本でも、これらの世界最新の動きに遅れないように、我々の研究グループを中心に自己臍帯血幹細胞治療の可能性を探っている段階なのです。こういった最新の治療法の開発・進歩により、社会的な適応が困難な一定数のASDの状態が、社会適応が可能な状態にまで改善することが期待されています。

5章
「遊び」が人を育てる

「遊び」の重要性

「どのように子どもに接していいのかその方法が分からない」
「子どもが何を考えているか分からない」
「子どもがどんな能力をもっているか分からない」

「子どもの良さが見つけられない」

「子どもの将来像を描くことができずに絶望する」

診察室で多く聞かれる悩みです。

私の発達相談診療の一つのキーワードが「遊び」なのですが、子育てのこれらの悩みの多くに「遊び」は答えを用意してくれます。子どもを理解したいと願うのなら、子どもの「遊び」の世界を理解するように努め、一緒に遊ぶようにすればいいのです。そうすれば、子どもの考えていることや、興味のあるものが何か見えてきます。そして、子どもの能力にも気づき、その子ども本来の良さが見えてくるのです。

「遊び」の世界はまったく自律的で、自発的であることが重要ですから、しっかり遊べる子どもはその将来についての見通しをイメージすることができます。

この二十年余りにわたって、私はこの「遊び」というテーマの重要性を、発達の問題や育児について講演をする場合に、必ず伝えるようにしてきました。しかし今この重要性を文章にするにあたっては、実は一年以上もどのように表現すべきか悩むことになりました。なぜなら「遊び」には負の側面があるからです。

皆さんもご存知のように、受験や資格試験などの大切な時期に「遊び」にのめり込んでしまい、自分の目標が達成できなくなるという場合もあります。小中学生の時期では勉強をして欲しい、習い事をして欲しいと熱望する親にとって、「遊び」は「邪魔なもの」「なくてもいいもの」なのではないでしょうか。おそらくほとんどのお母さんは、自分の子どもに向かって「遊んでばかりいないで、ちょっとは勉強（宿題、手伝い、片付け）をしなさい！」と声を荒げた経験があるでしょう。

確かに「遊び」には中毒性があるのです。またその中で自由に発想できるため、現実から目をそらすには絶好の場所なのです。それでも私は、「遊び」の負の部分をしっかりと理解しているのなら、「遊び」の良い点は限りなくあると考えています。

コンピューターゲームの是非

かつて私は、息子の「コンピューターゲーム」についてはほとほと手を焼き、悩まされました。息子が保育園の年長のときでしたか、当時子どもたちの間で大流行していた「ポケモン」のポータブルゲーム機を買い与えるかどうかということが、夫婦の間で何回も議論になりました。ゲーム機を与えてしまえば、それればかりに熱中して他のことができなくなるのではないか、目が悪くなるのではないか（すでに少し近視気味でした）、勉強や手伝いなど他のことをしなくなるのではないか、家族との会話もせずにゲームばかりをするようになるのではないか、色々な疑問が湧きあがり不安が尽きませんでした。

しかし、当時すでに保育所や近所の子どもたちのほとんどが持っていて、息子だけが持っていないという状態でした。そこで、私たち夫婦は共働きで、保育所以外にも近所の子ども同士で遊ばせる時間が長く、友達としっかり遊ぶことがまず重要であるというふうに考え、「家の中では三十分～一時間」という制限時間を守ることを条件にゲーム機を与えるという決断をしたわけです。

二十年近く経った今でも、それが本当に正しい決断であったかどうか確信はないのですが、そのゲームを通して息子の友達関係は明らかに良くなりました。「ポケモン」の話題を通じてスムーズに友達の輪の中に入り、その面白さや魅力に共感し、お互いに敵をどのように攻略するかを、小さな仲間たちで目を輝かせ話し合うようになったのです。その姿を見ていると、その時点で、自分たち家族の置かれていた状況の中ではこの決断は必然だと思いました。

しかしその一方で、ゲームの「負の側面」とも戦うことになったのです。恐れていた通り、少し気を許すと、息子は二時間でも三時間でもゲームに熱中したり、うまくステージをクリアできないとイライラして感情を爆発させたり、数千円もする新しいゲームソフトをすぐに欲しがるようになりました。

まさに「ゲームがもたらす騒動」といいましょうか、「ゲームのもつ魔力」とでもいいましょうか、それはそれは大変なものでした。

私たちは、何とか違う遊びに興味をもたせようと、色々な遊びを息子に勧めました。「人生ゲーム」「野球ゲーム」「けん玉」「ブロック」「パズル」「将棋駒を使った遊び」「碁石を使った遊び」「手遊び」「あやとり」「カードゲーム」「ベイブレード（現代風コマ遊び）」「トランプ」「卓球」「テニス」……。数え上げたらきりがないほどです。特に、「手遊び」「カードゲーム」「トランプ」は比較的手軽で、電車の中やレストランなどどこでも短い時間でできるので、よく一緒にやったものです。これによって、少しはゲームの中毒性を減らせたのではないかと思っています。

今は息子も社会人になり、ポータブルゲーム、テレビゲームはほぼ卒業していますが、中学生のときに、学校から二週間のイギリス研修に行ったときにこんなことがありました。ホームステイ先のイギリスの子どもたちとの会話はあまり上手にできなくても、ゲームを通して友達になれたと言うのです。「テレビゲームの画面は英語で書いてあったけど、自分のほうがうまくて尊敬された」と。

子どもの世界は不思議なものです。たとえ初めて会った相手でも、話す言葉が違っても、「ゲーム」すなわち「遊びの世界」で共通の時間を体験できたなら、それが共通言語となるのです。もちろん息子は、日本においても友達作りに大いにゲームを活用していたようです。

このように、現代の遊びの代表格の一つである「ゲーム」というものは、まさに諸刃の剣です。正しい使用を心がければ子どもの世界はどんどん広がるのですが、その中毒性に気をつけなければ、ときにゲーム自体に生活自体がおびやかされるようになってしまうのです。

ゲームとの付き合い方へのヒント

私は小児心身医学会の代議員を務めており、心理学を勉強して臨床心理士の資格も取得し、臨床場面においても子どもの心のケアに対応できるよう心がけてきました。この分野で師と仰いでいる方に、筑波大学の宮本信也名誉教授という高名な小児科医がおられます。その宮本信也先生に、私自身が息子のゲーム問題で悩んでいた時期に、「テレビゲームやコンピューターゲームを子どもに与えて良いのでしょうか」と直接お聞きしたことがあります。

当時宮本先生は、日本の子どもの心理面の相談役のような立場にあり、NHKなどのテレビにも度々出演していました。番組の中でも同じようなことを聞かれ、こうコメントされたようです。

「ゲームそのものが悪いのではないのです。それを友達と一緒に、あるいは家族と一緒に楽しんでするなら、それは立派なコミュニケーションの道具なのです。ゲーム自体が問題なのではなく、その使い方が問題なのです」

私はこの言葉に励まされ、当時ゲームにはまり込んでいた息子と、再び勇気をもって向き合っていこうと思ったものです。

実は私はこの問題に対して、他にもさまざまな形でアプローチをしてきました。北欧の国、ノルウェーを訪ねたときには、大学の幼児教育の先生にこの問題をぶつけてみました。そうするとその先生は、「遊び、特にゲームにはまりすぎると、現実と空想の世界のはざまが分かりにくくなり危険だ」という意見を下さいました。まったくその通りだと思います。ゲームを選ぶときにはその内容に十分注意する必要があります。あまりに過激なもの、暴力的なもの、銃で人を撃つようなものは避けたほうがいいでしょう。ある新聞には、シューティングゲームをする子どもは、そうでない子どもより感情コントロールが苦手であるというデータが報告されていました。

私は以前、小中学校の教師に講演をしたときに、「自分たちの子ども時代の遊び」についてのアンケートを配布し答えていただいたことがあります(回答数三〇八人・複数回答)。

「当時、どのようなもので遊んでいましたか?」という問いでは、女子では「ゴムとび」が圧倒的人気で四三・四%を占め、「ままごと」三七%、「鬼ごっこ」三〇%とその後に続きました。一方男子では、「野球」が四二・一%と一位で、「ドッジボール」三一・六%、「缶けり」二六・三%、「鬼ごっこ」二六・三%などが続き、女子に比較し戸外で走り回るような遊びが多いのが特徴でした。

さらに、「遊びを通して体験できたことは何ですか？」という問いに対しては、次のような答えが返ってきました。

①集団での規則を守る＝二七四例（八九・〇％）②感情のコントロール＝二三四例（七六・〇％）③他人の気持ちを考える＝一六五例（五三・六％）④自主性＝八三例（二六・九％）

やはり「遊び」というものは、人の感情をコントロールする力やコミュニケーション能力、ルールを守る力など、人間力とでも言うべき、心の力を伸ばす要素を含んでいるのです。ただ、ここで読者の多くは次のような疑問を感じるのではないでしょうか。「当時の遊びと今の遊びは、内容が違うのだから同様には扱えないのではないか」と。

まさにその通りです。そして、昔の遊びは良かったと懐かしむ大人の中には、当時の遊びを復活させることに熱心な人や、お金のかかるコンピューターゲーム全盛の時代を嘆く人もいます。中には、子どもにコンピューターゲームを与えないで頑張っている親御さんもいます。一つのソフトが数千円もするポータブルゲーム、次々に新しい機械が出てきて数万円かけて買い替えることが要求されるテレビゲーム機のあり方に、私も疑問と憤りを感じています。

このような批判に対してゲーム会社自体も考慮したのか、身体を使って遊べるゲームが開発され、家族みんなで遊べるようにも工夫されたことで、空前の大ヒットになり一時社会現象にまでなりました。今の時代に生きていく上でゲームを完全に排除することは、現実にはなかなか難しいことです。ですから、子どもに対しては大人が上手に枠を作り、他の遊びの魅力も紹介しながら、上手に付き合っていくことが大切なのです。

遊びの本質

それでは話題を「遊び」自体に戻し、その本質とは何かを考えてみたいと思います。

精神科医で評論家でもある町沢静夫氏は著書の中で、精神疾患の人が回復期に遊びを楽しめるようになる時期が必ずあるとし、遊びは人間の基本的欲望を水路づけ（ある行動・習慣・価値観が選択され固定化されていくこと）、社会化する機能をもち、フラストレーションを本人も気づかない形で象徴的に解決すると述べておられます。私も発達障害を含む発達外来での臨床を通じて、同じようなことを感じていました。

逆に言うならば、遊びがうまくできない子ども、遊ぶことを許されない子どもは、自主性や社会性がうまく育たず、自分自身にも自信がもてず、容易に精神的なバランスを崩してしまいます。

あるとき私は、ユニセフの子どもの権利条約を調べていて驚いたことがあります。その中の守られるべき四つの権利には「生きる権利」「育つ権利」「守られる権利」「参加する権利」がありますが、その「育つ権利」とは「教育を受け、休んだり遊んだりできること。考えや信じることの自由が守られ、自分らしく育つことができることなど」とあるのです。すなわち「学ぶこと」や、「信じること」に並んで、「遊ぶ権利」というものが保障されなければならないと明記されているのです。これは、日本人が作成したのではこういう文言は入らなかったのではないかと、少し苦笑いしました。日本人はこういった文言作成においては、「遊び」という言葉を入れることは不真面目だと感じてしまいそうな気がしたからです。

ヨーロッパのある乳児院の研究報告によれば、親を失った子どもも他の子どもたちと遊ぶ場所や機会を与えられた場合は正常な発達を認めたが、一方で親代わりになる大人が身近にいても遊ぶ場所や機会を与えられなかった子どもは、心の病になってしまったそうです。やや極端な報告だとは思いますが、「遊び」とはそれほどに子どもの発達にとって重大なものなのです。

しかしここで忘れてはならないのは、「遊び」というのは子どもが自主的・自発的に見つけるものによって最大限の輝きや力を発揮するということです。決して親が、「知能を伸ばそう」「身体を鍛えよう」と与えるものではありません。一方的に与えられるとかえってマイナスである場合もあるのです。「遊び」において最も大切な要素は「自由」であることなのです。親の干渉から自由になり、他人の干渉からも自由になり、自分自身の選択がそこではは重要で、自分の「生」を感じ取れる瞬間がそこにはあるのです。

大人も変わろう

第二次世界大戦後、驚異的な経済発展を遂げ平和になった日本ですが、世界のさまざまな国で紛争が続いていることはあまり注目されていませんでした。そんなころ、早くから各国の難民キャンプを訪れその現状を『人間の大地』という本で日本に紹介し、一躍有名になった評論家が犬養道子さんです。彼女の著書『こころの座標軸』の中に、遊びについての興味深い記述があります。荒れ果てた土地で、破れたテントが何万と続く難民キャンプで出会った子どもたちの様子に、犬養さんは驚きます。

「そういうところで、私はしみじみと見たのです。おもちゃをたくさん持っている富国の子どもたちの想像もできない楽しみよろこびを、『不幸で貧しい（と思われている）子ら』が知っていることを」（『こころの座標軸』婦人之友社より）

極限の欠乏状態においてさえ子どもたちの目は輝き、彼らの生き生きと遊ぶ姿は生きる力と希望に満ちているというのです。難民キャンプの子どもたちは何もない場所で、いや何もない場所だからこそ頭をフル回転させます。木の枝は人形になり、救援隊が落としていったペットボトルや空き缶を見つければ、それを車輪にして二輪車を作ったり、棒で鳴らしてにぎやかな音楽会を始めるのです。誰からも何も与えられない状況だからこそ、自分たちで協力し、新しいものを創造していく喜びを見つけ感動するのです。

犬養さんはさらに、遊びとは心の柔軟さ、寛容、明るさと優しさ、喜び、事象やものごとのルールを知って守るものと続け、さらには遊びは「人間文化」の基礎とまで述べています。何もかもそろってしまった日本においては、逆にそのような体験を子どもたちにさせること自体が難しくなってきており、私たち日本人はどのように子どもに質の良い遊びを体験させるかを、最大限の知恵をもって考えていかなければならないでしょう。

大人自身も携帯電話や携帯音楽プレーヤー、パーソナルコンピューターやタブレット型端末等々、次から次に刺激的で新しいものが出てくる時流に踊らされていないでしょうか。自分自身の五感で感じ取り、自分自身の頭で自由に深く考えていくという、最大限の人生の醍醐《だいごみ》味を、大人自身が人生に取り入れること、すなわち「遊びの本質」の部分が生活の中に組み込まれることが、大人自身の生活をより良きものにしてくれることでしょう。そうするならば、自然と子どもの遊びの世界の重要性を理解でき、上手に子どもたちの遊びの世界を広げ、また自分自身の世界に誘うことができるでしょう。

聖書の中には、怠惰をいさめる言葉はしばしば出てきますが、「楽しんではいけない」「遊んではいけない」とは書かれていません。むしろ、「喜びなさい」「歌いなさい」と繰り返し語られています。旧約聖書の箴言《しんげん》にも、「日々、主を楽しませる者となって／絶えず主の御前で楽を奏し主の造られたこの地上の人々と共に楽を奏し／人の子らと共に楽しむ」（新共同訳）とあります。

遊びの真の意味を理解し、その力をうまく使うことができるなら、毎日の生活に新たな可能性が広がってくるに違いありません。生まれた国や育った家の文化、家族構成や、家族が現在おかれている環境、それぞれの子どもの特性は皆違っていますが、親が子どもと一緒に生きることを楽しもうとするならば、親子の問題はほとんど解決しているのだと思います。

時間・空間・感情を「トントン」整える

私も含めて皆さんが生きている日常で最も公平なことは、人にはみな一日二十四時間という同じ時間と、同じ空間を与えられていることかもしれません。「起きて半畳、寝て一畳」という昔の諺《ことわざ》があるくらいです。

ですが、この時間と空間が大きく損なわれるのが、子育てなのかもしれません。子育て中はほとんどの時間が赤ちゃんのペースですし、また子どもがいれば出かけられる場所も限られてきてしまいます。毎日がいわゆる膠着状態に陥ってしまいます。

昔まだ自分が研修医だったころに、当時の小児科部長だった先生が、「膠着したような状況は、揺すったら余裕が出てくるんだよ」とおっしゃっていたのを思い出しました。私も子育てほどではないですが、毎日の仕事がたまってきて状況が複雑になって膠着してくると、頭の中で「トントン」と揺すったり叩いたりして固まった状況をときほぐして、整えるようにしています。そうすると不思議に、次にやるべき最優先の道が見えてきます。

これはスポーツやリラクゼーションと組み合わせてもいいかもしれません。身体を動かしながら、目を閉じてゆっくり息を整え心の中を空っぽにして、「トントン」「トントン」と言ってみてください。そうすると、一番先にやるべきことが見えてきたりします。また、この「トントン」は褒め言葉や励ましにも使えます。一日の終わりに短時間でいいのです、育児から離れる時間を持ちましょう。例えば好きな音楽を聴いたり、夫婦や家族でおしゃべりをしたり、身体を動かしたり、おいしいデザートを楽しんだりした後、「トントン、今日は偉かったね」と一日の営みを感謝し、自分をほめてあげてください。そうすると、今度は時間や空間とは別に自分の感情も整える助けになるでしょう。

そしてこれは、子育て中のお母さんにぜひ試してもらいたいのです。子どもがトラブルを起こしたり、落ち込んだり、イライラしたりしている時、母親である自分もイライラしてしまうと、ますます状況は煮詰まってしまいます。そんなときに、「トントン」は子どものみならず親の感情も整えてくれる便利なキーワードなのです。具体的な例をあげて説明してみたいと思います。

1　赤ちゃんが泣いているときに

抱っこして「トントン、大丈夫だよ」としてあげると、泣いていた赤ちゃんが泣きやんで、お母さんも幸せになります。

2　まだ歩き出して間もない子どもが転んで泣きそうになったら「トントン、大丈夫だよ」としてあげると、痛いのが不思議と少し和らぎます。

3　保育園でクラスの男の子にいじめられて帰ってきた女の子に寝る前に背中を「トントン、大丈夫だよ」としてあげると、しばらくいじめた男の子のことを話した後に、スヤスヤと寝息を立てて寝はじめます。

4　小学校の発表会で台詞を間違えてしまってイライラしている男の子にゆっくり御飯を食べながら話を聞いて、「（頭を）トントン、大丈夫だよ」としてあげてお風呂に入れると、表情が変わって笑顔になれます。

5　中学校で友達と大ゲンカ。先生に怒られて、お母さんと一緒に相手の家に謝りに行きました。帰り道「あいつも悪いのに」と怒っている息子に「（肩を）トントン、分かってるよ、大丈夫だよ」「でも手を出してしまったことは謝らないとね」と説明します。そうすると息子も自分も少し冷静になれます。

このような感じで、さまざまな場面でぜひ皆さんもこの「トントン」を使ってみていただければと思います。

ミュージック・シェアリングとマインドフルネス

私が外来で診ていた発達に偏りのある中学生の男の子で、学校で嫌なことがあっても、「家でロックを聴いていたら、頭の中のもやもやが少しずつましになってくるんです」と教えてくれた子がいました。また、知的障害と自閉スペクトラム障害を併せ持っている小学生の男の子で、どんな音楽を聞いても落ち着かないのに、高校野球の応援の太鼓の音を聴くと落ち着くという子がいました。また、私が今毎日のように関わっている重度の知的障害と身体障害を併せ持つお子さんも、実は音楽を聴くのは大好きで、特に生演奏が大好きなようです。

音楽はこのように、子どもの成長や情緒面の安定にとても良い効果をもたらします。お母さんの中にはロックやラップなどはうるさいだけで、子どもの成長にとって好ましくない有害なものと感じる方もおられるかもしれません。ただ、先に紹介した男子中学生のように、騒がしいと感じられるロックのほうが落ち着く場合があることは、不思議ですが事実なようです。

私の勤める「こどもホスピス」病棟には、重症の難病の子どもが多くいますが、その子どもたちに音楽を届けてくださる方の中に、世界的なバイオリニストの五嶋みどりさんがおられます。彼女が二十年以上前から取り組んでおられるミュージック・シェアリングという社会活動の一環として、昨年から当院にも若手音楽家と共に訪問してくださり、いつも最高の演奏と感動を子どもたちに届けてくださっています。前回の訪問の際に、私は以前からずっと知りたかった質問をしてみました。

「病棟にはさまざまな障害を持った子どもたちがいますが、彼ら彼女たちはどのように音楽を感じているんでしょう」

そうすると五嶋さんは、「難病や障害のある子どもたちには、色々な音楽の聴き方、感じ方があっていいと思います。必ずしもコンサートのような聴き方でなくてもいいと思いますよ」とおっしゃいました。

演奏家として本格的な音楽にかかわってこられた五嶋さんの言葉には、とても重みがありました。そして彼女は、実際に自身が演奏中のバイオリンの柄を子どもたちの手や身体で触れさせて、子どもがたとえ聴覚に困難さがあっても、身体全体で音楽を感じるように工夫してくださったのです。

小児科医として子どもたちと関わりながら、自分は果たしてそこまでできているだろうかと、反省させられました。これは子育て中のお父さん、お母さん、場合によっては医療スタッフにも同じことが言えるかもしれません。身近で毎日接していると、子どものことは全部わかっていると考えてしまい、子どものさまざまな可能性を見落としているかもしれません。子どもは、まだまだ親や医療スタッフも気づかない色々な可能性を持っているのです。

少し話題は変わりますが、「マインドフルネス」という言葉を聞いたことはありますでしょうか？　マインドフルネスとは、「今、この瞬間の体験に意図的に意識を向け、評価をせずに、とらわれのない状態で、ただ観ること」（日本マインドフルネス学会ウェブサイトより）と説明されます。

マインドフルネスは、不安やうつに対して脳科学的にも有効性が証明されていますが、最近では認知症への応用も始まっています。現代社会では日常的にさまざまな情報があふれかえっているために、自分自身を無心に見つめるという機会が失われがちです。そんな現代人に、マインドフルネスの考え方はとても広く受け入れられたようです。

実は私も毎日このマインドフルネスの時間を持っています。アジアで初の「こどもホスピス」を七年前に立ち上げましたが、なかなか運営が厳しい時期に、社会的支援と参加を呼びかけるために、「こどもホスピスチャリティーウォーク」と題して、最終的な目標を地球一周の四万キロに定めて毎日十キロを歩くことにしました。そうして頑張って毎日無心で歩いていると、自分の頭の中にいっぱいある思い煩いや難題が消えていき、穏やかな気持ちになる経験をしました。これは最近知ったのですが、マインドフルネスの中に「歩く瞑想」という方法があって、それと似たような状態であったわけです。また興味深いことに、これは最初に紹介した男の子の言っていたこと——ロックを無心で聞いていると、毎日の嫌な出来事やネガティブな感情でいっぱいだった頭の中がすっきりする——ということにも通じるのです。

音楽には心を感動させたり、癒したり、力づけたりなどのポジティブな効果だけでなく、心を無心にして整理するといったマインドフルネスにつながる不思議な作用があるのかもしれません。ですから、子どもたちが親が理解できない音楽を聴いていたり、宙を見つめて何も考えてないように見えても、頭ごなしに怒ったり心配するのではなく、その時間が彼、彼女の頭の整理、気持ちの安定に必要な時間かもしれないと知っておくとよいかと思います。

6章 「こどもホスピス」と私と子育て

あなたには休息が何より必要です

世界で最初の「こどもホスピス」は一九八二年に英国のオックスフォードに設立されました。世界で三本の指に数えられる名門大学オックスフォード

大学では、小児がんを含む多くの小児難病の子どもたちが、英国中から治療のために通ってきていました。そこでは最先端の治療がなされていましたが、病院の治療が終わった後のケアは家族に委ねられており、決して十分なケアとは言えない状況がありました。脳腫瘍を患っていたヘレンちゃんという女の子のお母さんも、退院後の家庭での日々のケアに疲れ果てていました。そのときに、隣人の一人であるシスター・フランシスが、「少しの間ですがヘレンちゃんを私にお預けになりませんか。あなたには休息が何より必要です」と申し出たことが、世界で初めてのこどもホスピス「ヘレンハウス」の始まりでした。

日本では二〇〇九年にシスター・フランシス自身が来日して、「こどもホスピス」を広げるべく東京と大阪で講演を行い、「こどもホスピス」設立のための大きなムーブメントが起こりました。しかし実際には、経済的に採算が合わないことから、どの施設も「こどもホスピス」の設立に二の足をふんでいました。淀川キリスト教病院にもシスター・フランシスから直々に「こどもホスピス」設立の依頼がありました。しかし当院は私立病院であるために、大赤字の「こどもホスピス」事業を始めることは大きなチャレンジでした。

しかしながら、「わたしの兄弟たち、それも最も小さい者たちの一人にしたことは、わたしにしたのです」という病院の全人医療を目指す基本理念の元になった聖書の言葉（マタイの福音書二五・四〇）に導かれるように、各方面からのさまざまな期待が寄せられました。そしてたまたま分院だった建物が病院統合で空くという不思議が重なり、二〇一二年、英国に遅れること三十年、淀川キリスト教病院にアジアで最初の「こどもホスピス」が開設されたのです。

難病の子どもへの心理的支援

次に、現在私が小児科医として取り組んでいる、小児難病児への心理的支援について少し記したいと思います。

実はこの分野も非常にチャレンジングな分野です。子どもの心を扱う分野としては心理学が有名ですが、親子関係を中心に扱う家族心理学や、発達を中心に扱う発達心理学、認知面に重点をおく認知心理学など、色々な見方があります。ただ現在のところ、小児がんを含む小児難病児を対象とした心理学分野は確立しているとはいえず、各疾患の主治医の先生方がそれぞれの経験をもとにケアを行っているのが現状です。その場合、医師や看護師だけが対応するのではなく、臨床心理士などの心理の専門家も一緒に関わることが望ましいでしょう。またその他にもリハビリスタッフや保育士、薬剤師や医療ソーシャルワーカーなどさまざまな専門家が多方面から関わることが有効であることがわかっています。

そのために私たちは、二〇一八年秋、小児心身医学会で「小児難病児の心理支援を考える」というシンポジウムを企画して、さまざまな立場の病院や施設との連携の重要性を提言したところです。また最近では、米国の資格であるチャイルド・ライフ・スペシャリスト（病気や障害を含むさまざまな状況にある子どもや家族に心理社会的支援をする専門職）や英国から始まったホスピタル・プレイ・スペシャリスト（遊びを通して入院や通院している子どものストレスを軽減し、治療をサポートする専門職）などの新しい資格を持った専門家の働きにも注目が集まっています。日本では独自に、子ども療養支援士による動きも始まっています。これらの新しい分野の動きを各地で支援することは有意義だと思われます。

またあまり知られていませんが、淀川キリスト教病院は日本における病院ボランティアと医療ソーシャルワーカーの発祥の地でもあります。今では両者とも全国の病院に広がっていますが、中でもボランティアは小児がんや小児難病児を病院で支えていく上で重要です。なぜなら、保険診療として認めてもらうことは困難なボランティアによる活動、例えば「一緒に過ごしたり」「話を聞いてあげたり」「車椅子を押してあげたり」「テレビを一緒に見たり」といった日常の何気ない働きが、子どもたちにとってはとても貴重だったりするからです。これは健常の子どもの日常でも全く同じことが当てはまります。また重い病気の子どもの兄弟姉妹に対する心理的支援の重要性も最近は注目されてきています。

そして最後に忘れてはならないのが、亡くなった後の、残された家族の心理的支援です。このことは一般的にはグリーフケアと呼ばれています。家族や友人など大切な人を失ってしまった後の心理変化について、世界で最初に注目したのはアメリカの精神科医キューブラー・ロス氏です。彼女は喪失体験の後は、否認・怒り・取り引き・抑うつ・受容という五段階の心理状態に陥ることを、経験を通して見つけました。

これらの心理状態の期間は人によってまちまちですが、少なくとも数か月はかかり、ときには数年から数十年の年月がかかることもあります。家族をはじめ身近な人は、じっくりと気長に、決して焦ることなく関わっていくことがとても大切になることを覚えておくことが必要です。こういった、診療報酬上はあまり利益が出なく見落とされがちな部分にも、「こどもホスピス」は前向きに取り組んでいます。

「こどもホスピス」プロジェクトは開設から軌道に乗るまで、まさに苦難の連続でした。そんな中で、「苦難が忍耐を生み出し、忍耐が練られた品性を生み出し、練られた品性が希望を生み出すと、私たちは知っているからです」(ローマ人への手紙五・三、四)という聖書の言葉が特に私を支えてくれていました。やがて不思議なことに、解決の糸口が見出せなかったさまざまな困難が、一つずつ予想してなかった方法で解決していきました。

この私の体験は、直接的には子育てに関係ないかもしれません。ただ、どんな逆境と思われる時も希望を持ち続けること、そしてその困難はしばしば自分の予想しない方向で解決される場合があること、この二つは子育てにも通じているように思うのです。

私たちのミッション

最後に「こどもホスピス」と、私たちの取り組みの今後の展望を概説してこの章を閉じたいと思います。

日本の小児がんを含む小児難病に対する治療レベルや治療体制は、世界でも最高レベルです。しかしながら、二〇一五年にWHOが出した緩和医療に関するワールドアトラスでは、日本の小児緩和医療のレベルは四段階中の下から二番目にとどまり、欧米諸国の先進国と比較して大きく遅れをとっています。しかし私たちが「こどもホスピス」を始めたことをきっかけに、大阪の鶴見や、東京の国立成育医療研究センターにも「こどもホスピス」が設立され、今では北海道から横浜、そして九州へと設立の動きが広がってきています。

また最近の動きとしては、二〇一八年度の医療・介護の同時改定に合わせて、全国的に地域包括ケアシステムの普及が図られました。この制度は、地域の住み慣れた町で、たとえ病気や障害があっても生き生きとした生活を送れるようにすることが目的です。地域包括ケアシステムといえば高齢者のケアばかりに目が向けられがちですが、実は小児がんを含む小児難病児もその対象にしっかり含まれています。

この社会変化の流れの中で、訪問看護ステーションの数も右肩上がりです。

重症の小児をケアできるところはまだまだ少ないのですが、東京や大阪などの大都市圏では小児科医が在宅医療を始めたり、訪問看護ステーションを支援したりしているところもあります。また小児のリハビリテーションを専門にしていたリハビリの先生方が中心になって、小児の専門的な訪問リハビリもできる、訪問看護ステーションを開設・運営する動きも注目されています。

ただ、小さな訪問看護ステーションは経営が楽でないのが現状です。小児難病の子どもたちの地域での生活を豊かにするためには、こういった訪問看護ステーションは欠かせません。淀川キリスト教病院としても訪問看護の働きは今後の重要なミッションとして取り組みを拡大しているところです。

このような急速な時代の変化は医療分野だけでなく、実は教育分野にも到来しています。二〇一九年十月からは、幼児教育・保育の無償化がスタートしました。社会は大変な勢いで動いていますが、私たち大人はその流れに対応するとともに、長い人間の歴史の中で、たとえ子どもがどんな個性を持っていても、子どもの成長は親の愛情の下で変わることなく守られてきたという大原則についても忘れないようにしたいものです。

おわりに

今、少し遅い夏休み旅行に向かう飛行機の中で、このあとがきを書いています。

初版の『ゆっくり育て子どもたち』は自分の魂を注ぎ込んだ本で、たとえ自分が亡くなった後にでも、私の家族も含む関係者に自分自身の想いを伝えることができる、そんな内容だと自負していました。

今回、増補改訂の機会をいただき、再びこの本に手を加えることは、大変貴重な機会になりました。新たに一から書き直す以上の難しさがあり、日常の忙しさもあいまって筆が思うように進まなかった中、忍耐強く付き合い、励ましてくださった、いのちのことば社・出版部の長沢さん、藤原さんに感謝しています。

この増補改訂の作業を通して、自分自身も少しだけですが成長させてもらったように感じています。子育てを含む人生は決して楽なものではないですが、周囲の人に感謝して自分自身も成長していくという人生の視点や醍醐味を感じていただけたら幸いです。本書が少しでもそのお手伝いになればこれにまさる幸せはありません。

鍋谷まこと

二〇一九年九月

本書の印税の一部は、
「こどもホスピス」の
普及活動のために
使わせていただきます。

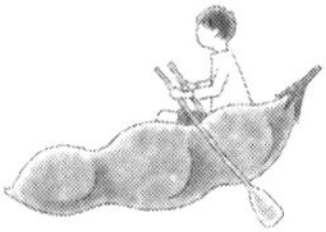

増補改訂版

ゆっくり育て子どもたち
発達相談室で僕が考えてきたこと

2012年8月15日発行
2013年4月1日再刷
2019年12月20日増補改訂版発行

著者　鍋谷まこと

発行　いのちのことば社　<フォレストブックス>
〒164-0001　東京都中野区中野2-1-5
編集　Tel.03-5341-6924　Fax. 03-5341-6932
営業　Tel.03-5341-6920　Fax. 03-5341-6921
印刷・製本　日本ハイコム株式会社

落丁・乱丁はお取り替えいたします。
Printed in Japan

ISBN 978-4-264-04076-7 C0037